大学生创新创业
理论与技能指导

DAXUESHENG
CHUANGXIN CHUANGYE
LILUN YU JINENG ZHIDAO

李明慧 ● 主编

四川大学出版社

项目策划：梁　平
责任编辑：杨　果
责任校对：孙滨蓉
封面设计：璞信文化
责任印制：王　炜

图书在版编目（CIP）数据

大学生创新创业理论与技能指导 / 李明慧主编．—
成都：四川大学出版社，2020.12
ISBN 978-7-5690-4158-3

Ⅰ．①大… Ⅱ．①李… Ⅲ．①大学生－创业－研究
Ⅳ．① G647.38

中国版本图书馆 CIP 数据核字（2021）第 006419 号

书名	大学生创新创业理论与技能指导

主　　编	李明慧
出　　版	四川大学出版社
地　　址	成都市一环路南一段 24 号（610065）
发　　行	四川大学出版社
书　　号	ISBN 978-7-5690-4158-3
印前制作	四川胜翔数码印务设计有限公司
印　　刷	郫县犀浦印刷厂
成品尺寸	170mm×240mm
印　　张	12.25
字　　数	234 千字
版　　次	2021 年 3 月第 1 版
印　　次	2021 年 3 月第 1 次印刷
定　　价	58.00 元

◈ 读者邮购本书，请与本社发行科联系。
电话：(028)85408408／(028)85401670／
(028)86408023　邮政编码：610065
◈ 本社图书如有印装质量问题，请寄回出版社调换。
◈ 网址：http://press.scu.edu.cn

四川大学出版社
微信公众号

前　言

　　本书围绕新时期大学生创新创业的理论和技巧展开论述。高校的创新创业教育是我国创新驱动发展战略的重要组成部分，也是当前高等教育改革的重要议题。培养具有创新创业能力的大学生群体是高等教育对国家宏观经济转型强有力的人才支持途径。近年来，我国高校将创新创业人才的培育纳入学科体系，取得了一定的成果，不仅缓解了一部分大学生的就业压力，也在一定程度上促进了我国经济的发展。但是仍然存在一些不足。比如，政府和高校对创新创业人才培育的思想认识不到位、不重视，导致创新创业人才培育的理论和实践衔接得不够紧密，甚至出现脱节的现象。此外，师资力量不足、教学方法单一、实践平台紧缺，大学生自身对创新创业的认知出现偏差、缺乏创新思维及兴趣、缺少探索精神等，都影响了高校创新创业人才培育的成效。因此，分析影响培养大学生创新创业人才的因素，并找到切实有效的办法解决这一现状，对高校创新创业人才培育课程具有重要意义。

　　创新创业对于大学生来说是一种能力。它需要培养，有着自己的时代性、民族性、阶段性、发展性的特征。因此，我们在研究大学生创新创业能力时，就要结合时代背景，用发展的眼光去看待这个课题。高校对于大学生创新创业能力的培养最直接的体现就是创新创业指导课程的建立。同时，高校要用创新创业指导课程这一载体培养大学生创新创业的意识和品质，对构成大学生创新创业能力的要素以及影响因素进行细致的剖析。高校要基于三螺旋理论，与政府、企业合作，建立大学生创业园，为学生创新创业提供实训基地和平台，并借助各级各类创新创业大赛的举办鼓励学生积极参与，积累实践经验，在"互联网＋"的背景下，不断拓宽学生的眼界，帮助他们找到更多更好的创新创业项目。

本书在撰写的过程中，吸收了部分专家、学者的一些研究成果和著述内容，笔者在此表示衷心的感谢。由于笔者水平有限，书中难免会有缺点和错误，恳请广大读者批评指正。

目　　录

第一章　大学生创新创业能力综述

第一节　大学生创新创业能力的概念界定

一、如何理解创新创业

（一）创新

《辞海》中是这样定义创新的：抛开旧的，创造新的。创新这个词来自拉丁语 innovare，指的是人类所提供的之前没有过的一切事物的活动。这里有三层意思值得我们体味：第一层，更新原有的事物；第二层，创造新的事物；第三层，改变现有事物。[①] 创新的概念可以分为广义创新和狭义创新。人们公认，著名的奥地利经济学家约瑟夫·熊彼特（Joseph Schumpeter）是最早提出创新这个概念的人。1912 年，约瑟夫·熊彼特在他撰写的《经济发展理论》一书中首次提出创新这个概念。从企业的角度出发，约瑟夫·熊彼特的创新理论指出企业家要将全新的生产要素和生产方法引入企业的生产体系，创造出新的价值，从而对经济的发展起到促进作用。约瑟夫·熊彼特提出了创新的五个方面，即产品创新、技术创新、市场创新、资源配置创新、组织创新。在约瑟夫·熊彼特之后，被人们称为"现代管理学之父"的美国著名的管理学家彼得·德鲁克（Peter Drucker）在其撰写的《创新与企业家精神》这本书中指出，企业家是创新的主体，创造价值是创新的目标。在彼得·德鲁克看来，创新精神其实就是企业家精神。因此，从经济学和管理学的角度来定义创新的话，它指的是企业家借助新的手段来创造经济价值。这也是学界公认的狭义创新。其实，早在彼得·德鲁克之前，马克思在他的很多著作比如《资本论》

---

① 李伟，张世辉. 创新创业教程 ［M］. 北京：清华大学出版社，2018：22－23.

《经济学手稿》中阐述过和创新思想类似的内容，有些内容甚至比彼得·德鲁克的理解更加全面、更加丰富。尽管马克思没有给创新一个明确的定义，但是在他的整个思想体系中处处都渗透着创新的思想和意识。在马克思看来，创新主体不单单只有企业家，工人阶级、杰出典型、科技人才、创业者等都是创新主体，因为他们推动了历史前进和社会发展。马克思把创新分成三种形式，即科技创新、技术创新、制度创新。马克思认为，创新是要满足人和社会发展需求，解决发展的基本矛盾，最终可以促进和实现人类社会物质和精神全面发展的过程。这就是我们学界普遍认可的广义创新。当然，时代在不断地变迁，社会也在不断地发展，人们在实践的过程中不断地更新、完善创新的定义，但是到目前为止，人们也没有对创新的定义形成共识。笔者比较倾向马克思的广义创新。除了我们熟知的经济领域之外，创新也存在于制度、文化、科技、教育、日常生活等与我们息息相关的领域里。创新指的是为了满足人和社会的发展需要，利用现有的资源对旧有的或者常规的思维进行突破，创造或者更新对个人或社会的发展具有益处的新事物（我们在这里提到的事物包罗万象，比如制度、方法、环境）的行为。

（二）创业

孟子在其所著的《孟子·梁惠王下》一书中有这样一句话："君子创业垂统，为可继也。"这句话中的"创业"的意思是"创立基业"。时代在不断地发展，创业的定义也在不断地发生着变化。国外在刚刚对创业展开研究的时候，总是喜欢把创业这一概念和企业家联系起来。美国百森商学院著名的创业教育和创业学研究大师——杰弗里·蒂蒙斯（Jeffry Timmons）在 1999 年曾经对创业做出了定义。杰弗里·蒂蒙斯认为，创业是一种思考、推理和行动的方式，它为机会驱动，还要求创业者要有完整缜密的实施方法和讲求高度平衡技巧的领导艺术。被誉为"现代管理学之父"的美国管理学家彼得·德鲁克认为，创业不仅仅是在有蓝图的情况下发生，也会作为对企业家如何对待未曾使用、未曾开发的机会的一种回应而产生。[①] 当代学界将创业这一概念分为狭义创业和广义创业。基于经济学和管理学这两个领域，创业通常指的是把一个企业创办起来，也就是所谓的狭义创业。利用德尔菲法，美国的加特纳（Gartner）是这样定义创业的：创业的过程就是创建新的组织。麦克米兰（Macmillan）认为，创业其实就是创办一家新的企业。我国著名学者郁义鸿、

---

① 李家华. 创业基础 [M]. 2 版. 北京：清华大学出版社，2015：12—14.

宋克勤等人认为，创业是通过发现和识别机会，利用已有资源创造新产品或者服务，并实现其价值的过程。相比于狭义创业，广义创业则从三个维度，即创业主体、创业形式、创业领域赋予创业更加宽泛和多样的含义。我国学者王占仁认为，广义的创业不只是建立新企业，而是兼有政治、经济和社会意义。政治意义是创立基业，经济意义是创办实业，社会意义是创新事业。① 笔者比较倾向广义创业，也就是包括企业家在内的各个领域的创业者利用现有的资源，通过不同的形式开创自己的事业，能够对个人或者社会产生正向影响，包括岗位创业、社会创业等。

（三）创新创业

笔者分别就创、新、业这三个字的意思查阅了《辞海》。创的意思是"创始，首创"；新的意思是"初次出现的"，是一个从无到有的过程；业的意思是"学习的内容或过程，事业，财产，产业"。把它们的意思连起来正好和上文我们讲到的广义创业是相一致的。尽管"创新"与"创业"是两个完全不同的概念，但是它们相互联系、密不可分，构成一个整体。一般情况下，我国的学者习惯将创新和创业连在一起，而国外的学者则极少这样用，但是他们对创新和创业之间的关系是肯定的。约瑟夫·熊彼特认为，创新是创业的本质和手段，创业是实现创新的过程。可见，创新和创业是具有互通性的。"现代管理学之父"彼得·德鲁克认为，创新意识和创业理念是由创业活动得以实现的。我国在改革开放以后，社会和经济发展发生了翻天覆地的变化，人们的理念也在不断地更新，因此创新创业的定义也发生了几次变化。2001 年，在天津举办的创新创业教育研讨会上，原劳动和社会保障部培训就业司副司长就提出了要将创新创业教育引入技工学校的教育之中，创新创业在那个年代更侧重创业。创新创业作为一个全新的概念被提出来还是在 2009 年，标志事件是我国高等教育学会创新创业教育分会的成立。从那以后，人们才开始关注创新创业。教育部在 2010 年颁布并印发了《关于大力推进高等学校创新创业教育和促进大学生自主创业工作的意见》（以下简称《意见》）。在《意见》中，"创新创业"这一概念被官方提了出来，其内涵也更加丰富，赋予了创新精神和创业能力。李克强总理在 2014 年提出了"大众创业、万众创新"，目的是激发整个中华民族的创新基因和创业精神，"创新创业"已经走出了某个人或某个群体的范围，涉及全体国民。2017 年，"培养学生创新创业精神与能力"写进了我国的"十

---

① 王占仁. "广谱式"创新创业教育通论［M］. 北京：教育科学出版社，2017：5.

三五"规划。在这里，从教育层面来看待"创新创业"则是一种"广谱式"的创新创业，创业者不仅仅只有大学生，所有的学生都能够成为创业者。从最初的"创业"，再到后来的"创新创业"，这并不是词语的简单堆砌，而是将两者从根本上联系起来。在论述"广谱式"创新创业教育时，学者王占仁指出，创新和创业是"双生关系"，在"创新"后面加上"创业"，内在规定了创新的应用属性，指向创业的创新，重在创新的应用；在"创业"前面加上"创新"，全面统领了创业的方向，是创新型创业、机会型创业、高增长的创业，是更高层次和水平的创业。[①] 在此之后，朱瑞峰、李政、孙千惠等人也对创新和创业进行了深入的研究，证明它们之间的关系是相辅相成、密不可分的。笔者认为，从广义的层面来看，创新创业是一种时间活动，既强调创新精神，又注重价值创造，无论缺了哪一个都是不完整的。创新是创业的前提条件，只创办一个企业是远远不够的；而创业是创新的最终结果，只创造出新的事物却不能运用到实践中是不可行的。

二、创新创业能力

笔者在《辞海》中查阅了能力的定义，其指的是成功地完成某种活动所必需的个性心理特征。人类的各种能力并不是先天就具有的，而是基于自身的基本素质，通过后天的学习和实践不断培养起来的。要想践行创新创业这一行为，就必须具备一定的能力和心理特征，即创新创业能力。创新创业能力不仅包括人们已经拥有的能力和素质，还包括一些潜在的能力，它们的形成是需要外界的刺激或者影响才能够展现出来的。从目前国内和国外的相关研究来看，学术界并没有给出创新创业能力一个统一的定义。在国内，我们经常提到创新创业能力这一概念，但是在国外，人们却很少提及，大多数情况下都是把它和创业能力混在一起加以研究，甚至有的学者把两者视为同一概念。近年来，国内学界把"创新创业"视为一个整体提了出来，学者们也从各个角度对创新创业能力做出了界定，但是到目前为止也没有达成统一的意见。

（一）创业能力

从不同的角度出发，国外的学者对创业能力做出了界定。由国际上著名的英国伦敦商学院和在创业教育上全美排名第一的美国百森学院共同发起成立的

---

① 王占仁. 创新创业教育的核心要义与周边关系论析［J］. 国家教育行政学院学报，2018（11）：21-26.

国际创业研究项目——全球创业观察将创业能力划分为三种能力，即创办企业的能力、机会捕捉的能力、资源整合的能力。2016 年 6 月，欧盟颁布了《欧盟创业能力框架》。在这份框架中，指出了创业能力由三个部分组成，即知识、技能、态度。创业能力不仅指个人能力，也指集体能力。联合国教科文组织在 1989 年召开的"面向 21 世纪教育国际研讨会"上提出的创业能力的概念则从创业者的角度出发，指出创业能力是人类的一种品质，由两个部分组成，即个人事业心、开拓精神与技能。吉娜（Gina）认为，创业能力具有创业者和企业家共同的特点。美国著名的创业学之父杰弗里·蒂蒙斯则从创办企业的角度定义了创业能力。杰弗里·蒂蒙斯认为，创业能力指的是人们对正确的创业机会进行探索，以及在开发这种创业机会的过程中涉及的一系列行为和这一系列行为相对的素质。以著名的管理学家汉克斯（Hanks）和钱德勒（Chandler）为代表的学者从经济、管理领域的角度把创业胜任力和创业能力合并到一起进行研究。汉克斯和钱德勒认为，创业胜任力指的是能够在某一项工作中把成绩卓越的人和普通人加以区分的个体深层次特点，它是创业能力的核心内容。从心理学的角度来看，人们往往把创业能力和创业自我效能感合并起来进行研究。那么，什么是创业自我效能感呢？它指的是一个人相信自己能够成功地完成创业的各种角色和任务的力量。

（二）创新能力

笔者翻阅了国内外大量的有关创新能力的研究，通过分析后发现，可以与创新创业能力等同起来的研究真的是少之又少。美国著名的管理学家彼得·德鲁克认为，创新精神和企业家精神是一样的。阿尔瓦雷兹（Alvarez）和巴尼（Barney）认为，持续不断的创新能力就是创业能力。我国的一些学者，如李燕、张宝臣，认为创新能力是个体运用一切已知信息，产生某种新颖独特并且具有价值的产品的能力。我们在对"创新创业"进行研究的时候，正如前文所提到的，创业的前提是创新，创新的结果是创业。因此，虽然在概念上创新能力和创新创业能力有着一定的相似之处，但是在很大程度上它们之间是一种包含的关系，创新能力是创新创业能力的基石，但是我们不能将两者完全等同起来。

（三）创新创业能力

国内的学者近些年来一直在深入系统地研究创新创业能力这个课题，而国外的学者对创业能力的定义也在不断地发展和完善着。虽然创新创业能力和创业能力有着不同的表达方式，但是两者的含义还是有着相似之处的。英国高等教育质量保证局在 2012 年颁布的《创新创业教育指南》就明确地指出了创业能力涵盖产生想法并将其付诸行动的能力和创造文化价值、社会价值、经济价值的能力。这一定义与上文提到的广义的创新创业的含义比较接近。曼（Man）等人认为，创新创业能力是一种综合能力，除了需要具有创新能力以外，还需要具有实践能力和创业潜能。我国学者王占仁认为，创新创业是一种通用素质，它由创业认知、创业情感、创业意志、创业能力组成。就创业能力而言，它由六种能力构成，即把握机会能力、终身学习能力、领导管理能力、团队协作能力、心理调控能力、创新思维能力。[①] 结合以上论述，笔者将从广义的角度定义创新创业能力。它指的是通过创新创业实践能够对事物进行创造或者改进，将其转化为对个人或者社会发展有益的经济价值、社会价值、文化价值的一种综合能力。具体来看，创新创业能力由创新能力、创业能力等多种能力组成。由于所处的领域不同、采取的创新创业方式不同，能力主体应该具备的创新创业能力也是不同的。但是只要有创新的想法，并且把它转化为现实，同时能够对人类和社会的发展产生有益的价值，那么个体的创新创业能力便能够体现出来。

三、大学生创新创业能力

上文我们已经对创新创业和创新创业能力的定义进行了比较详细的阐述，那么我们将如何定义大学生创新创业能力呢？大学生是一个特殊的群体，因此，对这一群体的创新创业能力进行界定的时候应该区别于一般性的创新创业能力的界定，其范围应该缩小，更具针对性，更加具体。同学界之前研究过的创业者、企业家不同，大学生创业并不是简单地在某电商平台上开个网店或是在线下做个小买卖，而是要在创业的过程中体现出创新，为社会带来价值。因此，在总结了前人的研究之后，结合我国的社会环境和大学生这一群体的独有特点，笔者认为大学生创新创业能力应该定义为：根据已经掌握的科学文化知识和周围资源，大学生对事物进行创造和改进，并将其转化为对个人或者社会发展有益的经济价值、社会价值、文化价值等的能力。

---

① 王占仁. "广谱式"创新创业教育导论［M］. 北京：人民出版社，2012（12）：176–178.

第二节　大学生创新创业能力的特征分析

一、时代性

目前，我国正处在中国特色社会主义进入新时代的关键时期，国家的建设需要大量具有创新能力的人才，作为掌握着先进的科学文化知识和一定技术的群体——大学生，责无旁贷地成为推动时代发展的青年主力军。因此，大学生应该抓住时代发展的契机，在"大众创业、万众创新"的引领下，不断培养自身的创新创业能力，在实践中进一步完善自我，积极地回应这一时代主题，体现新时代的特色。因此，大学生创新创业能力的时代性是指大学生将国家发展、社会进步和个人的理想信念、人生追求紧密地联系起来，积极响应国家在制度、知识、科技等领域的创新发展要求，在"互联网＋""中国制造 2025"等大环境背景下，投入新模式、新业态、新技术的开发和应用中去，不断提升和培养社会发展、职业发展所需要的创新创业能力。

二、民族性

世界经济的格局正在经历新一轮的商业创新和技术变革的改变，无论是发展中国家还是发达国家，都把创新放到了更为重要的位置上。然而，由于社会制度、经济发展程度、认识水平的不同，各国对大学生创新创业能力的要求也存在着一定的差异。因此，只有充分地结合各国的实际情况和发展需要，制定切实有效的战略，才能够更好地培养大学生的创新创业能力。就我国而言，大学生创新创业能力的培养要始终坚持中国特色社会主义的正确前进方向、坚持共产党的领导，必须和培养社会主义合格的建设者以及可靠的接班人所具有的能力相一致，这种能力是要为实现中华民族伟大复兴的中国梦所服务的。

三、阶段性

创新创业是一个循序渐进的过程，它并不是一蹴而就的。它由多个阶段构成，主要分为意识觉醒、初创期、发展期、成熟期。在不同的阶段，创新创业主体需要具备不同的创新创业能力。相对于其他的创新创业群体，比如创业者、农村外出务工人员、企业家，大学生创新创业群体的特殊性体现在创新创

7

业的时间范围上，也就是在校期间和毕业后的两年以内。这个时间范围对应着创新创业阶段的意识觉醒和初创期。在这个阶段，对创新创业者创新创业能力的要求主要倾向于培养他们的创新精神、具备一定的学习能力、掌握一定的知识和技能。当他们进入发展期和成熟期之后，应该具备更加专业、更加深入的能力。每一个大学生都要具备创新精神、学习能力、创业人格等意识觉醒阶段所要具备的创新创业能力，而像企业管理等能力则是那些进入初创期，即能够把科技成果转化为现实生产力和实际创业的一少部分人所具备的创新创业能力。

四、发展性

发展性是大学生群体创新创业能力区别于其他群体的另一个特点。学习先进的科学文化知识是大学生的第一要务。除了主观的和天生的创新创业能力之外，大学生群体还要通过后天的学习和外界环境影响来获得。当然，大学生群体的创新创业能力也是一个由低到高、由弱到强逐渐发展的过程。在国家大环境的熏陶下、在社会的支持下、在高校的教育下、在家庭的感染下，大学生群体的创新创业能力一定会得到更好的发展，而高校的教育是他们同其他群体最大的不同。换句话说，大学生的创新创业能力是可以通过教育来实现的。

第二章 大学生创新创业指导体系的构建

第一节 大学生创新创业指导目标体系

大学生创新创业活动的起点和落脚点是创新创业指导目标。创新创业指导目标始终贯穿在对大学生进行创新创业指导的过程中，既包含当初设定的创业指导结果，也包括基于结果进行修订的创业指导行为。大学生创新创业指导目标是高校创新创业指导工作的出发点和行动指南，对创新创业指导的最终目的起到决定性的作用，是高校构建创新创业指导目标体系的重要依据。一个成功的创业者，一定要具备五项基本素质，即创新创业意识、创新创业精神、创新创业能力、创新创业品质、创新创业技能（见图2-1）。上述五项基本素质构成了大学生创新创业指导目标体系的主要内容，并且和高校思想政治教育有着密切的联系。在大学生创新创业的过程中，高校思想政治教育起着导向和鼓励的作用。

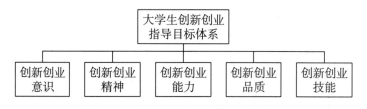

图 2-1 大学生创新创业指导目标体系

一、树立创新创业意识

由于受到传统"铁饭碗""金饭碗"思想的影响，长期以来不少中国人的意识深处都渴求找到一份"稳定的"工作。就拿报考公务员来说，2019年报考国家公务员并通过审核的人数为1271978人，计划招录14537人，9657个岗位，平均竞争比达到87.5∶1，远高于2018年的58∶1。公务员之所以受到不少大学生的青睐，主要是因为他们觉得在所有的职业当中，公务员是最稳定的，职业风险非常小，并且有比较稳定和相对较好的工资待遇。从这一现象我们能够看出，目前高校对学生创新创业教育的重视程度不足、投入不够，与社会的发展存在一定的脱节。创新创业意识并没有在广大学生的思想当中树立起来，他们想到的只是尽快就业，选择一份社会认可度高、收入不错的工作，自己去创新创业是很多大学生想都不敢想的事。高校对大学生进行创新创业指导的目的在于培养他们的创新创业素质。要想让大学生突破传统就业观念的束缚，选择自主创新创业并创业成功，就要通过创新创业课程培养他们的创新创业意识，帮助他们正确地理解创新创业。这是对创新创业由感性认知到理性认知的过程。有了创新创业意识，人们的创业行为才有了动机。没有创业意识就没有创业行为，创业成功更无从谈起。在"互联网＋"的时代，伴随着 5G 技术开始商用，人们要先知先觉地把握创新创业的机会，树立正确的创新创业意识，这需要社会、高校、大学生三方携起手来，共同努力。

（一）营造浓郁的社会创新创业氛围

要想营造出良好的社会创新创业氛围，除了政府机关和一些机构的支持以外，家庭成员的认同也是一个很重要的因素。创新创业需要一个良好的社会氛围作为支撑，而一个良好的社会氛围也是树立创新创业意识的沃土。作为政府机关，应该在政策、资金、设备、场地等方面对大学生进行创新创业给予必要的支持，为他们的创新创业服好务；各类媒体要积极宣传创新创业的先进人物和成功案例，把大学生创新创业的过程真实地反映给社会大众；各类公司和企业在不泄露自身核心技术的前提下要在技术层面对大学生创新创业者做出适当的指导；作为大学生的家庭成员，需要摒弃传统的就业观念，支持他们创新创业。当他们创新创业进入低谷或是停滞不前的时候，家庭成员要和他们站在一起，不断地给他们打气，给予精神支持。只有社会各界携起手来，共同努力，才能为大学生创新创业营造出良好的社会氛围。

（二）强化思想政治教育的导向功能[①]

在高校创新创业教育的过程中，思想政治教育的导向功能能够把学生创新创业的意识激发出来，帮助他们清楚地认识到自己的价值和需要承担的社会责任，以及这个时代赋予他们的使命。因此，传统的教学模式已经无法适应高等

---

① 张耀灿，陈万柏．思想政治教育学原理［M］．北京：高等教育出版社，2001：72.

教育的发展。高校要积极地引导学生对自己的职业生涯进行合理的规划，对自身的创新创业能力做出科学、客观的判断和分析。高校在对学生开展理想和信念教育的过程中，要融入创新创业意识的树立和对创新创业实践活动的指导，使学生在校园学习时期就可以体验创新创业，并参与其中，激发他们的创新创业意识，锻炼他们的抗压能力和受挫能力。

（三）大学生创业意识的自我培养

无论是社会氛围的营造，还是高校的教育，这些都是外部条件，只有大学生从自身内部树立起创新创业意识，才能够在创新创业这条充满荆棘、困难重重的道路上不怕挫折、披荆斩棘、奋勇向前，体现出顽强的创新创业意志和坚韧的创新创业毅力。那么，大学生应该树立哪些创新创业意识呢？①开拓思维意识。只有冲破旧有思维的束缚，才能够产生具有创造性的新思维。②团队意识。俗话说得好，众人拾柴火焰高。一个人的能力毕竟是有限的，但是当几个人或是一群人聚到一起的时候，智慧的火花便会被点燃，绽放出灿烂的焰火。无论是多么难的问题，都会在大家的努力下被解决，最终达到创新创业的目标。③人际交往意识。有句俗语说得好，三个臭皮匠顶个诸葛亮。我们在创新创业的道路上并不一定要独自前行，我们需要朋友、合作伙伴的帮助，因此具有一定的交际能力是必不可少的。④细节意识。人们总说，细节决定成败。大学生在创新创业的过程中一定要注意细节，不要嫌麻烦，一项工作一项工作地去解决，形成一个有效的闭环。不能因时间太紧和进度过快，而造成流程不畅或偷工减料，导致前功尽弃。

二、鼓励创新创业精神

大学生创新创业者如何看待创新创业活动，以及他们创新创业的效果都取决于创新创业精神。创新创业精神是高校培养创新创业人才的一项重要内容。随着经济全球化趋势不断发展和"互联网＋"时代的到来，社会和高校对创新创业精神的重视程度逐渐提高，具有创新创业精神的人才也受到各大公司的青睐。对于大学生而言，当遇到各种困难和压力的时候，更需要创新创业精神来激励自己，不断增强自身抗打击、抗挫折的能力，在克服困难、解决难题的过程中树立自信。但是，从目前各高校培养学生创新创业精神的实践来看，已经无法满足学生创新创业活动的需要，亟待加强。同西方一些发达国家的高校比起来，我国高校在产、学、研结合，以及创新创业校园孵化基地的建设上还有很长的一段路要走。因此，我国高校在培养大学生创新创业精神时，要着重从以下两个方面发力。

（一）转变创业指导模式，在实践中注重对大学生创新创业精神的培养

通常情况下，一些高校都是以课程的形式对学生进行创新创业指导，而满堂灌的理论说教占据了大部分的课堂时间，学生的主观能动性没有被激发起来。学生坐在教室里听到的都是创新创业理论和创新创业者如何成功的案例以及他们对创新创业的感悟，很多都是前人的结果，对他们创新创业的艰辛过程了解得还不够，自然无法充分理解创新创业精神了。一些高校的创业指导似乎走出了另一条道路，他们极其注重实践活动，通过模拟创新创业环境，让学生在教师的指导和帮助下，将理论和实践充分地结合起来，学生对创新创业有了更加深刻的理解，变得更加自信，也更有责任感了。因此，高校在进行学生创新创业指导的过程中，应把实践教学放在和理论教学同等的位置上，不仅要加强理论知识的学习，更要在教学中增加实践环节，比如模拟创业过程、分小组制订创业计划、举办创业技能大赛等。[①] 在模拟创业实践的过程中，学生把课堂上学到的创新创业理论应用到实践当中，形成了创新创业所必需的意志力，对于他们创新创业精神的培养大有裨益。

（二）以外部引导为突破口，使大学生创新创业精神得以内化

目前，很多高校还没有系统地开设培养学生创新创业精神的课程，导致学生缺少创新创业精神。因此，高校要加大力度培养学生的创新创业精神，帮助他们树立正确的创新创业观，使创新创业精神得到内化。为了能够充分激发学生的主观能动性，高校首先要改变教学方法，创新创业的教学方法要以学生为主体。其次要不断扩大学生的知识面。不仅从意识上，更要从行动上重视自我能力的发展。大学生的学习范围不仅仅局限在校内，还要扩展到社会，同时在实践的过程中将开拓精神、冒险精神、创新创业精神融入进来。只有把理论与实际充分地结合起来，真正地领会创新创业精神，大学生才能够将其内化为自己的创业观和人生观。

三、培养创新创业能力

高校应该注重培养学生创新创业的综合能力，包括决策能力、管理能力、

---

① 刘兴亚. 大学生创业精神缺失与对策［J］. 吉林师范大学学报（人文社会科学版），2011（6）：91—93.

理财能力。高校借助创新创业指导为学生提供实践的平台、创造创新创业的机会，让他们在实践中增强创新创业的能力。各地政府需要积极地落实国家的政策，根据本地区的发展实际，因地制宜地实施"大学生创业引领计划"并制定任务指标。① 高校注重培养学生创新创业能力不仅对大学生创新创业的成功率具有提升作用，也能够提升国民的创新创业素质。大学生群体整体素质比较高，容易接受新鲜事物，学习能力比较强，创新创业潜质也不错，对他们的创业潜力进行挖掘有利于培养他们的创新创业能力。因此，我们需要针对目前大学生创新创业能力发展遇到的困难提出切实可行的解决办法。对大学生创新创业能力进行挖掘和培养是一项极其复杂的任务，除了政府、企业的支持以外，还需要高校和大学生的努力。首先，政府要在政策和资金上对大学生创新创业能力的培养给予必要的支持，营造全社会创新创业的舆论氛围；其次，高校要与企业深入合作，建立创新创业实践孵化基地，为学生提供实践的平台，让他们把理论知识和实践活动充分地结合起来，不断提高自我创新创业能力，锻炼不怕困难、敢于担当的意志品质，真实地体验创新创业的艰辛；最后，大学生不要将自己困在"就业风向标"这个怪圈里，不盲目跟风，哪个行业收入高就一窝蜂地涌入哪个行业。大学生创新创业能力的培养不仅仅是局限在课堂上学习有关创新创业的理论知识，还要在实践活动中积累一定的创新创业经验，学会独立、客观地分析问题、解决问题。因此，大学生创新创业能力的培养应该在政府和企业的支持和参与下，以高校教育为平台、以实践活动为基础，不断提高大学生的自我意识。

四、培养创新创业品质

人们对于什么是大学生创新创业品质有着各自不同的看法。《胡润百富》的创刊人胡润认为一个成功的创新创业者应该具有创新、诚信、终身学习、勤奋等10项品质。我国学者赖雄麟认为，在创新创业指导的过程中，创新创业品质作为一种个性心理特征，能够起到调节大学生创新创业者的行为和心理的作用。创新创业品质是创新创业的一个重要的核心素养。目前，很多高校并不重视学生创新创业品质的培养，认为创新创业品质是学生已经拥有的心理品质，导致他们在创新创业的过程中表现出一些不足，比如缺乏团队意识、冲动不理性、没有坚定的创业行为。在创新创业的过程中，创新创业者会不断地遇到各种来自心理和行为上的困难和挫折，他们若是缺少良好的创新创业品质，

---

① 王永友. 创业教育实践体系的基本框架构建 [J]. 黑龙江高等教育研究，2014 (11)：97－98.

自然无法成功地进行创新创业。因此，培养大学生创新创业品质是大学生创新创业指导目标体系的一个重要内容。高校要利用好思想政治教育的导向功能，培育大学生的优良品质，比如诚信理念、社会责任感、自信心，不断拓宽磨炼大学生创新创业品质的方法和途径。我们在培养大学生创新创业品质的过程中要处理好以下四个方面的内容：首先，培养他们的社会责任感。目前，很多"95后"，甚至"00后"已经成为大学生创新创业的主力军，他们的个性更加突出，接受新鲜事物的能力也更强，思维非常活跃，他们敢想敢干，但是又极易冲动，有的时候缺少合理、客观的判断。他们在选择创新创业项目的时候，可能好高骛远，与现实情况有着比较大的误差。因此，高校在指导学生进行创新创业的过程中要鼓励他们从现实出发、从基层做起，保持对市场先机的敏锐性，这样才能够走向成功。其次，大学生要树立积极乐观的创新创业心态。高校在指导学生进行创新创业的时候，要让他们认识到在创业初期应该保持一种积极的心态，不要嫌弃项目小，肯从基层做起，这样才能取得成功。再次，培养团队意识。现在的大学生虽然具备比较高的个人素质，但是他们可能缺乏团队意识，没有充分意识到团队在创新创业过程中发挥的巨大作用，特别是团队成员之间的相互鼓励、相互帮助往往能够使创新创业者渡过难关、奋勇向前。因此，高校在开展创新创业指导的时候要重视大学生创新创业团队意识的培养，更好地发挥每个大学生的创新创业品质。最后，培养执着的毅力。每一个成功的创业者的背后，都经历了无数次的失败与抉择，怎样培养具有坚强、执着、冷静的优良品质的创业者是高校需要思考的问题之一。[①]

五、培训创新创业技能

在本书的前面我们已经谈到了创新创业能力，国内外的一些研究将创新创业能力和创新创业技能理解为一个概念。笔者认为，我们不应该将一个成功的大学生创新创业者需要拥有的创新创业技能用创新创业能力简单地予以表达。笔者把创新创业能力理解为人的一种潜在能力，它由隐性潜能和个性特质共同组成。同创新创业能力比起来，创新创业技能更加侧重像胜任创新创业操作技能、创新创业管理技能、创新创业机会把握技能这样具体的创新创业活动的能力。显性、可操作、具体化等是创新创业技能的特点，因此高校在指导学生创新创业的过程中便于培训。目前，很多大学生之所以在创新创业的时候成功率

---

① 李玮. 创业品质：大学生创业成功的突破口 [J]. 山西师大学报（社会科学版），2011（11）：158－161.

不高，没有在创新创业之前做好准备是其中一个很重要的原因，他们缺乏必要的创新创业技能，这就需要高校对大学生进行创新创业技能的培训。首先，高校要设立创新创业指导部门，为有创新创业意向的大学生提供必要的创新创业能力的培训。其次，培训大学生创新创业操作技能。高校可以经常举办创业计划书制作大赛、组织创意项目活动、模拟创业大赛、创建电子商务网站等活动，鼓励大学生积极地参与创新创业活动，不断提高他们的创新创业操作技能。最后，高校要善于引导大学生去观察身边的事物，发现其中蕴藏的创新创业机会，把握先机。当然，只是将关注点放在创新创业准备阶段的技能培训是远远不够的，高校还要对学生在创新创业过程中需要具备的创新创业技能进行培训，比如管理技能。虽然高校可以通过一系列形式多样、内容丰富的创新创业活动来培训大学生的创新创业技能，但是像市场营销、人力资源管理、风险管理、财务管理这样的管理技能也是需要进行培训的。与此同时，高校要将思想政治教育同大学生创新创业技能的培训结合起来，从内在激发大学生创新创业的思想动机，积极主动地去学习创新创业技能，为今后的创新创业做好前期准备。发挥思想政治教育的导向功能，使大学生认识到创新创业过程并非一帆风顺，必将伴随着激烈的竞争和重重困难，帮助他们树立坚定的创新创业信念，不怕困难、勇往直前，积极自主地学习创新创业技能，参与相关活动和培训，为创新创业之路做好铺垫。

第二节　大学生创新创业指导课程体系

一、创新创业理论课程

要开展创新创业理论课程，其目的是帮助学生了解创新创业知识，掌握创新创业教育的基本理论。这不仅能够增加他们的创新创业知识，开阔他们的眼界，整体提升他们的创新创业综合能力，也能够培养他们自主学习的能力，在学习知识的同时训练他们的创新创业思维，为今后创新创业的实践活动夯实基础。目前，我国高校在专业设置上还没有"创新创业"这一专业。通常情况下，创新创业指导都是其他专业的延伸和拓展。一些发达的西方国家高校对学生创新创业综合素质的培养高度重视，设置了特色鲜明、形式多样的创新创业理论课程，不仅把学生创新创业的意识激发了起来，还使学生的创新创业技能得到了培训。我国高校要想实现创新创业指导目标体系，就必须在现行课程体系中增设创新创业理论课程，从创新创业意识、品质、能力等方面加大对学生创新创业指导的力度。近几年来，我国的高校虽然对大学生创新创业的重视程度逐渐提高，但是与国外高校之间的差距仍然比较大，无论是课程设置、教学模式，还是教师素质、学生认知。笔者认为，我国的高校应该从如下几个方面入手：首先，按照学生专业和年级的不同，设置相应的创新创业理论必修课和选修课。我们可以在大一、大二开设创新创业理论课程，在大三、大四开设创新创业指导课程。这样的课程设置不仅突破了专业的限制，还能够结合学生自身的专业背景提高他们的综合思维能力，使他们能够更加符合当代社会对人才的要求。其次，不断丰富理论课程的内容。在创新创业理论课程中融入思想政治教育，能够发挥思想政治教育的导向功能，培养学生的优良品质，帮助他们树立正确的创新创业意识。此外，在课程中还要加入一些创新创业的典型案例，让学生从这些案例中学到成功的经验和失败的教训，避免在创新创业的路上走弯路。如何丰富创新创业理论课程的内容需要教育者和受教育者在不断的探索中加以完善和充实。我们应该站在一个更高的角度去看待我们现有的理论知识，以一颗更加包容的心丰富创新创业课程的内容。

二、创新创业专业课程

创新创业专业课程指的是将其他专业同创新创业结合起来，根据所设专业的不同配套相应的创新创业指导方案。这样做不仅充分地利用了有限的课堂资源，还拓展了专业学科的应用范围，使教学内容得以优化，广泛地培养了学生创新创业的品质和能力。一般情况下，我们可以把高校创新创业专业课程分为必修课和选修课，课程的主要内容包含市场营销、经济法、创新创业常识、创新创业心理学、创新创业技能。课程设置目的在于传授创新创业的相关知识和技能，培养适应社会需求的具有较高素质的创新创业人才。那么，怎样来科学合理地设置创新创业专业课程呢？笔者认为，高校应该从如下几个方面入手。首先，根据专业和年级的不同，开展有针对性的课程。由于学生的认知是随着年龄的增长而不断拓展的，在大一、大二年级比较适合开设基础课程，大三、大四随着学生专业知识的夯实以及参与一些社会实践活动，高校可以开设专业知识与创新创业实践指导相结合的课程。学生可以从自身专业的角度出发来理解创新创业所需要掌握的技能和能力，将它们运用到实践活动当中，不断强化自身的创新创业能力，为今后走上创新创业之路打下坚实的基础。其次，建立专业化的师资队伍。目前，高校创新创业教师队伍的建设面临一些实际问题，比如专业教师缺乏，没有清晰的定位，企业实践经验不足。创新创业教育本身需要任课教师具有很强的跨学科能力和较多的实践经验，一些教师是由其他专业或行政岗位转岗过来的，他们跨学科的能力亟待加强，很多教师也没有创新创业的经历。因此，高校要聘请一些有实践经验的创业者到学校任教，以丰富创新创业教育教师队伍的建设。

三、创新创业实践课程

美国著名的教育家杜威（Dewey）是实践活动课程的开创者，他开办的芝加哥实验学校最早开设了实践课程。在创新创业指导课程体系中，实践课与理论课程和专业课程充分地结合起来，以活动的形式向学生传授创新创业知识，培养他们的创新创业技能。通过师生之间的互动，教师能够比较客观和准确地把握学生对创新创业理论和专业知识的掌握程度。因此，对于高校创新创业指导课程体系而言，创新创业实践课程有着极其重要的作用，能够反映出学生创新创业的能力和综合素质。创新创业实践课程和创新创业指导理论课程与专业课程比起来，就像大学生创新创业指导的第二课堂。我国的高校应该充分借鉴国外高校设置创新创业实践课程的经验，将社会实践活动同课堂教学紧密地结合起来，通过开展实践活动向学生传授相关知识、渗透创新创业理念。与此同时，高校要积极地和企业建立创新创业基地或者利用企业现有的资源，使学生将所学到的理论知识尽快转化到创新创业的实践中去。首先，高校要鼓励学生利用校园中的创新创业基地尝试开办自己的小企业。高校的创新创业孵化基地能够给有创新创业兴趣和能力的学生提供进行实践的平台。由于各自专业的不同、经历的不同、想法的不同，他们可以大胆地经历创新创业的每个环节。其次，勤于交流成果和经验。高校不仅要给学生提供创新创业实践的平台，还要及时地对实践过程进行检验并给出相应的指导。要提供更多的交流机会，通过论坛及讲座的形式，交流创业实践心得。[①] 最后，教师在对创业实践课程进行期末考核的时候，可以以举办创新创业计划大赛的形式检验课程的效果。学生们可以根据自己参与实践活动的经历，按照自己的想法和兴趣来制作创新创业计划书。大量实践表明，一个学生的创新创业综合素质和综合能力究竟怎样，可以通过制作创新创业计划书得以充分体现。

---

① 万刘军. 大学生创业实践案例研究 [D]. 重庆：四川外国语大学，2013：34-37.

第三节 大学生创新创业指导制度体系

一、组织领导机制

目前，大部分的高校都针对学生创新创业设置了创业指导机构。从组织结构来看，就业指导中心是创业指导机构的上级，对其进行管理。各学院（系）将大学生创新创业的信息上传给就业指导中心进行统一的存档和整理。可见，大部分的高校没有对大学生创新创业的组织领导工作给予足够的重视，没有设置对大学生创新创业进行指导的组织领导机构。高校应该整合校内外丰富的创新创业资源，与企业开展合作，加强创新创业的组织领导工作，为构建完善的创新创业指导体系和提高大学生创新创业的成功率提供有效的组织保障。[①] 首先，高校要明确大学生都有哪些方面的创新创业需求。大学生创新创业者有着和其他创新创业者不同的特点，他们创新创业的时间基本在大学期间和毕业后的两年，因此高校要负起责任及时地了解他们在创新创业的过程中都遇到了什么样的困难、有哪些亟须解决的问题、需要哪些帮助。这样，高校才能有针对性地指导大学生如何更好地创新创业。高校要组织教师和学生组成专业的调查队伍，走进大学生创办的公司，了解他们的经营情况，掌握第一手资料，通过对数据的汇总和分析，帮助大学生创新创业者找到解决问题的办法，帮助他们渡过难关。其次，要进一步强化大学生创新创业指导工作的组织领导。高校的创新创业指导机构能够引领和推动大学生的创新创业工作，因此高校必须设置独立的大学生创新创业指导部门，从宏观层面对大学生的创新创业进行指导。高校可以联合多个部门，比如学生管理中心、后勤管理中心、就业指导中心，对大学生创新创业指导工作进行分工合作管理。另外，针对大学生在创新创业过程中所遇到的困难和问题，高校要设置由专职教师组成的大学生创新创业咨询中心，为有意向进行创新创业的大学生提供相关的咨询工作。高校要在校园内形成一张覆盖各个院（系）、行政部门的创新创业指导联系网，建立健全创新创业组织领导工作机制，为大学生创新创业提供有利条件。最后，高校要以

---

① 黄美娇，谢雅萍. 国外创业者创业能力影响因素研究综述［J］. 太原理工大学学报（社会科学版），2017（5）：54—59.

大学生创新创业指导实践课程为平台，建立校外创业组织领导机制。大学生创新创业指导实践课程的开设让学生有机会走出校园，与一些公司和企业进行对接，在这个过程中高校需要加强组织领导作用。为了更好地开展学生的创新创业实践活动，也为了更好地管理学生，高校的创新创业指导可以在公司和企业的支持下，设立校外创新创业服务机构，扩大管理的覆盖面。高校要根据学生实践活动的具体情况进行部署和协调，最大限度地保障大学生创新创业实践课程的顺利开展。

二、教学管理体系

培养全面发展的人是我国高等教学的重要任务。教学管理工作是完成这一重要任务的保障。教学管理涉及很多内容，比如课程设置、教学方案创新、教师队伍建设，各个环节之间相互影响、相互联系，一同组成高校教学管理体系。目前，一些高校并没有将学生创新创业管理纳入教学管理的范畴，即使纳入了教学管理的范畴，也存在定位不清的问题。因此，高校教学管理要针对大学生创新创业指导工作做出如下调整：首先，加强教师队伍的管理。目前，担任大学生创新创业指导教学工作的一些教师的教学方法比较单一，和实际情况存在一定的脱节。尤其是一些教师根本没有创新创业的经验，他们灌输给学生的都是一些理论知识，与学生的需求存在着差距。因此，高校要建设一支有着一定创新创业经验的教师队伍，通过他们自身真实的经验和感受来指导大学生创新创业。在教学的过程中，教师可以采用模拟真实的创新创业场景、案例分析的教学方法，提高学生参与实践活动的热情，更加有效地进行教学管理。其次，教学管理模式的改变。目前，高校按照学生的专业和院系对他们进行教学管理，这样做的弊端是制约了他们对专业以外的知识的获得。这种教学管理模式同样限制了高校对学生创新创业指导的教学工作。高等教育的目的并不在于培养出具有相同特点的人，而是要基于每个学生的优点，培养出具有创造性的人才。因此，在现有的学分制的基础上，高校的教学管理模式要勇于创新，尝试推行导师制。国外很多知名高校都推出了导师制，在教学管理方面取得了不错的效果。学生可以根据自己的兴趣选择导师，在导师的指导下进行各种实验、撰写论文，同时增进了师生之间的互动，导师能够及时地了解学生的学习情况和心理变化。最后，教学管理理念要以学生为本。学生是教学管理的参与者。高校在进行教学管理的时候需要从学生的角度去思考采用什么样的教学方法激发他们的学习兴趣，掌握他们真正需要什么，同时借助思想政治教育的导向功能引导学生的行为。高校可以鼓励大学生创立创业社团、创业协会等以大学生为主体的学生组织，这不仅可以提高大学生的创业兴趣，更重要的是可以培养大学生的组织协调、团结合作的能力。[①] 高校要不断地满足学生对知识渴求的欲望，不断提高他们自我管理的能力，创新管理模式。只有这样，高校才能真正地践行以学生为本的教学管理理念。

三、激励考核机制

高校要鼓励大学生创新创业，从精神层面和物质层面给予他们必要的帮助，卸下他们的思想包袱。除了建立良好的组织领导机制和教学管理体系之外，高校还要在创新创业指导方面设立激励考核机制。目前，很多学生的生活费还是得依靠父母，没有创新创业资金，这成为他们创新创业路上的第一只"拦路虎"。高校设立创新创业激励考核机制可以首先从精神层面对学生给予支持，对在创新创业方面有突出表现的学生重点培养，在评优奖先方面优先考虑并适当照顾。其次，高校要给予一定的资金支持。高校要定期组织专家对创新创业作品进行审核，对于有发展前景、具有开创性的创新创业项目要给予物质奖励；对于积极参加各类创新创业大赛的学生要报销交通费，给予一定的补助；对于正在进行创新创业项目的学生，要及时了解他们的需求，并在政策、资金、技术上给予支持。[②] 基于精神层面和物质层面建立起来的激励考核机制能够最大限度地满足学生的现实需求，将激发学生创新创业的积极性和主动性，笔者相信今后会有越来越多的学生走上创新创业之路。

第四节　大学生创业指导保障体系

一、思想保障

在全民创新创业的浪潮下，高校应该树立知识、精神、能力整体和谐发展的教育观，这就要求用马克思主义生产力理论、马克思主义实践观、人的全面发展观和思想政治教育的德育理论来武装大学生的思想，用正确的思想观念引

① 高桂娟，苏洋. 学校教育与大学生创业能力的关系研究 [J]. 复旦教育论坛，2014 (1)：24-30.

② 高靖宇，王彩霞. 大学生创业能力的影响因素和提升路径分析 [J]. 经济研究导刊，2018 (4)：117-118.

导他们创新创业，将正确的思想观念融入创新创业的实践中，克服创新创业过程中遇到的各种困难，树立正确的创业观。首先，加强马克思主义实践观教育，培养学生正确的创业观。学生创新创业指导理论离不开实践活动。要想全面、系统、准确地把握创新创业指导体系的内涵，只关注这个体系的自身是不够的，还要理解它的客观价值事实。因此，我们必须回到现实，从实践中去体会、去理解。坚持向实践学习、向人民群众学习的思想观念。只有通过实践，我们才能不断地提高能力、增长才干。加强马克思主义实践观教育，让学生实现从自发到自觉、从思考到行动的转变和升华。在实践观教育过程中，学生树立起正确的创业观。其次，坚持人的全面发展理论，培养学生的创新创业精神。在创新创业实践的过程中，学生应该积极地发挥自主性、开创性，要开拓思维，参与各种创新创业活动，不论是一个新奇的点子，还是开办一家公司，或是开拓一个新的领域，都可以包含在创新创业指导的范畴里。高校在加强学生文化素质教育的同时，要有意识地培养他们的个性发展、主体意识、创造能力，要突出培养他们的创新精神和创新能力。高校要围绕着学生创新精神、创新能力的培养展开教学活动，使学生成为具有广阔的视野、创业思想、创业魄力的创业型人才。最后，注重德育理论教育，以科学的育人体系指导创新创业实践。在具体的创新创业指导实践的过程中，高校应该坚持以思想道德教育为首，培养学生优质的创业品质，帮助他们树立正确的世界观、人生观、价值观，提升个体的心理素质，使他们树立全面发展、服务社会的价值观，为社会培养有理想、有道德的创业者。

二、政策保障

当今社会对大学生创新创业给予了越来越多的关注，国家层面和各级政府也相继出台了很多利好政策，为大学生创新创业保驾护航。笔者对近年来我国在大学生创新创业方面出台的各项政策进行了梳理，主要分为以下几类：第一类，精简注册申请程序；第二类，提供小额贷款；第三类，减免行政性费用；第四类，免费保管人事档案；第五类，享受更多公共服务。在创业环境和贷款这两个方面扶持大学生，不断扩大政策的覆盖面，尽可能让每个大学生创新创业者都能够享受到政策红利。从国外比较成功的创新创业政策中我们能够看出，大学生创新创业政策体系的建立除了科学的创业政策理论以外，创新创业过程中的各个要素和各个阶段也要给予必要的关注。创新创业政策在科学、合理的理论的指导下，能够保持连续性和完整性。政府部门要根据每个创业企业所处的阶段的不同，并结合创新创业意识、品质、能力、技能等要素，制定相应的扶持政策，为大学生参与创新创业活动提供保障。因此，笔者认为我国应从以下三个方面制定政策保障大学生创新创业：首先，在创新创业指导体系中加大创新创业政策的宣传力度。从大学生接触创新创业指导目标体系的那一刻起，高校就要向他们宣传国家的创新创业政策。在他们进入创新创业能力和技能的培育过程中，高校也要不断地向他们宣传国家的创新创业政策，使学生充分理解国家的创新创业政策，感知社会创新创业的大背景，不断建立创新创业的信心。学生在学习创新创业课程的过程中就了解了国家的创新创业扶持政策，避免今后在实践活动中出现盲点。因此，高校应该通过多种渠道向大学生宣传国家的创新创业扶持政策，以提高他们对政策的知晓程度。其次，提高创新创业政策的服务功能。国家之所以要出台大学生创新创业扶持政策，其根本原因就是要从资金、技术等方面给予大学生支持，为他们提供一个良好的创新创业环境，因此，大学生创新创业政策自身具有服务功能。但是，有的创新创业政策过于笼统、可操作性不强，从而影响了某些政策的效力。政府应该从服务大学生的角度出发，提高创新创业政策的时效性，让更多的具有创新创业潜质的大学生享受到实实在在的政策红利。最后，各级政府要加大力度监督创新创业政策的落实情况。任何一项创新创业政策只有落到实处，才能发挥它的作用。因此，各级政府要监督好政策的落实情况，为大学生创新创业提供实际支持，学校应当根据国家及政府的政策，结合实际条件积极落实相关政策，同时做到信息的公开和透明，做好资金等配套工作，让制度和保障与大学生创业之路同行。①

三、师资保障

要想真正落实大学生创新创业指导目标和课程体系，高校创新创业指导师资队伍建设有很关键的作用。一支好的创新创业指导师资队伍能够保障创新创业指导的有效性。从创新创业指导目标和课程体系的分类来看，高校创新创业指导应该由两部分组成，即理论和实践。由于我国高校创新创业指导课程起步较晚，大部分的任课教师由辅导员和就业指导中心的教师担当，他们中的很多人都没有创新创业经验，所以在指导学生进行创新创业的时候更偏重理论讲授。面对这种现状，高校要加强创新创业指导教师队伍的建设，同时要借鉴国外的成功经验，将一些有着创新创业经验的创业者和企业家充实到教师队伍当

---

① 李伟，李艳鹤，周东生. 资源协同视角下大学生创业能力影响因素及对策研究 [J]. 产业与科技论坛，2018（3）：132.

中。只有这样才能够组建一支专业化的创新创业指导教师队伍，确保大学生创新创业指导课程体系的教学质量。首先，培养专业的创新创业师资队伍。高校可以通过开展定期或不定期的理论培训、业务培训、实践培训，强化任课教师的专业素养，也可以鼓励任课教师参与高校创业孵化项目，不断地积累实践经验，改变目前以理论讲解为主的教学方式。当然，有条件的高校还可以与公司或企业合作，派遣个人能力强、思维活跃的教师到公司或企业去，将理论知识与实践结合起来，参与创新创业项目的各个阶段，真正地体会创新创业所需要的各种素质和能力，从而不断强化创新创业师资队伍的建设。其次，高校要积极引进具有创新创业经验的高素质人才充实到创新创业指导师资的队伍中。高校要想开好创新创业指导课程，达到创新创业指导目标，优化教师队伍的结构是亟须解决的问题。高校可通过创新创业经验交流会，邀请经验丰富的企业人才到高校担任创新创业实践课的指导教师，根据学生的专业特点，指导他们设计创业计划书并参与多种多样的实践活动，培养他们的创新创业能力。

四、实践平台保障

与其他专业课程比起来，大学生创新创业指导课程有着很强的实践性。相对于国外高校比较成熟的创新创业指导实践而言，我国高校在这方面还是比较薄弱的。大学生的创新创业能力、技能需要经过创新创业实践加以磨炼，这样才能够把他们的创新创业意识、品质激发出来。那么怎样提高我国高校创新创业实践的层次呢？笔者认为，解决问题的关键在于尽早建设大学生创新创业实践平台。创业实践平台，是高校创业理论教学连接实践的载体，也是大学生与社会接触的媒介。[①] 那么，高校应该怎样建立大学生创新创业实践平台呢？不妨从以下几个方面入手：首先，基于创新创业基金，开展丰富多样的实践活动。高校通过设立创新创业基金可以有效地解决大学生在创新创业方面遇到的资金问题。除了高校自筹资金以外，也可以联系校友会和企业共同设立创新创业基金。有了资金的支持，高校便能够给学生提供内容丰富、形式多样的实践活动了。高校可以举办创新创业计划书设计大赛，提供创新创业相关政策和流程的咨询与指导，定期组织创新创业经验分享交流会，共同解决学生在实践活动中遇到的问题并分享心得；举办创新创业知识讲座，在夯实学生创新创业理论基础的同时，指导他们如何运营企业；举办创新创业项目模拟大赛，综合考

---

① 丁忠利，王凌云. 大学生创业指导体系建设的探索与实践［J］. 安徽工业大学学报（社会科学版），2010（6）：154－155.

查学生的创新创业能力和技能。其次，高校要建立创新创业实践基地。高校建立创新创业实践基地的目的在于给大学生提供创新创业的场地，使其将所学到的创新创业理论运用到实践中去，在开阔他们眼界的同时，激发他们的创新创业意识和创新创业热情，整体提高他们的创新创业素质。高校创新创业实践基地的形式比较多样，比如科技创业园、企业孵化基地。最后，加大校企合作的力度，提高大学生对社会的认知度。加大高校和企业合作的力度，可以使学生有机会走进企业，了解企业是如何进行生产和管理的。借助这一实践平台，可培养学生的团队意识，可锻炼他们的创新创业技能。企业可以为学生提供短期的实习机会。在企业实习期间，学生们不仅可以接受企业为他们量身定制的培训活动，也可以和企业的技术人员和管理人员展开交流与讨论。通过校企合作的方式，学生创新创业的实践能力可以得到提升。

五、服务保障

大学生创新创业工作本来就极具挑战性。大学生在创新创业的道路上经常会遇到资金、技术、管理等方面的困难。那么，我们应该如何来解决大学生创新创业道路上的这些困难？在此，我们需要借助由政府、高校、社会共同参与的"三元结构运行模式"来构建大学生创新创业服务保障体系。首先，要发挥好政府的协调和指导作用。从国家层面建立大学生创新创业协调机制，统筹安排各种资源，形成信息的互联互通，实现数据的共享，最大限度地发挥政策的普惠性和直达性。与此同时，各级政府要为大学生创新创业提供一条龙服务，比如实践培训、法律咨询、项目计划、心理辅导、基地平台，及时、准确地把握大学生创新创业的实际情况和迫切需求，以提供精准、有效的支持和服务。其次，高校要为大学生创新创业提供服务。一方面，要加强创新创业研究工作，借鉴国内外大学生创新创业的成功经验，总结失败教训，在此基础上得出大学生创新创业的启示，为今后的大学生创新创业教学和管理工作提供服务。另一方面，高校是在校大学生创新创业实践的主要阵地，他们的创新创业智慧在这里萌芽，除了为学生提供良好的创新创业环境以外，高校还要为他们提供技术支持。最后，社会组织和企业要顺应时代潮流，为大学生提供更多的创新创业机会。

第五节　大学生创新创业评价体系

政府、社会、高校、企业、大学生自身是构成大学生创新创业指导评价体系的主体。这五个主体通过各自的智能、角色的交叉协调形成了一个立体、互动的良性循环系统，从客观的角度对大学生创新创业教育做出评价，有利于提高创新创业指导的有效性。

一、政府的宏观评价

政府在大学生创新创业指导体系过程中发挥着宏观调控的作用。政府制定各项优惠政策并建立保障机制，因此成为评价大学生创新创业指导效果实施情况的主体之一。政府需要站在更高的层面对创新创业指导体系做出全面、整体的评估，主要包括：创新创业指导保障范围是否全面，管理政策是否落实到位，创业指导评价体系是否能够提高大学生创新创业的整体素质，等等。

二、社会的客观评价

除了具备一定的创新创业理论之外，大学生的创新创业实践能力和社会适应能力也是衡量他们创新创业综合素质和能力的重要指标。这两种能力的获得是需要大学生在接触社会的过程中慢慢培养的。一名合格的创新创业者要具有创新意识，敢于打破常规，具有较强的抗挫折、抗压力能力，经得起各种社会上的考验。因此，我们应该从社会的角度对大学生创新创业综合能力的高低做出客观的评价。

三、企业的客观评价

人才培养的质量如何直接反映了创新创业指导是否有效。企业是大学毕业生主要的接收者，因此有权对创新创业指导效果做出评价。培养出尽可能多的高技能、高素质人才是高校创新创业指导的终极目标。大学毕业生主要的就业方向是企业，因此企业要制定创新创业指导评价标准，对大学生进入企业后的实习期、试用期、正式聘用期的各项能力做出评价。高校则依据企业反馈回来的创新创业指导效果的评价数据对创新创业指导课程体系加以改进和完善。经过这样的"一来一回"，高校能为企业输送更多的具有高技能、高素质的创业人才。

四、高校的全面评价

作为创新创业指导的组织者和实施者，高校全程参与了大学生在校期间的创新创业指导工作，完成了培养和输出创新创业人才的重任，因此高校有权对创新创业指导做出全面的评价。高校对大学生创新创业指导效果进行评价的时候，可以借鉴毕业生就业质量效果评价，引入第三方评级机构展开全面的调查，也可以采取现场访谈的形式，快捷高效地收集各类数据。

五、大学生的主观评价

作为创新创业指导内容的接受者，大学生所做出的评价更为直观，也更具主观色彩。他们是创新创业指导的亲历者，能够真实地反映出指导的效果。因此，大学生在不同的创新创业指导阶段会给出不同的评价。对于正在接受创新创业指导的大学生来说，他们通常会从创新创业指导的内容、方式等方面对创新创业指导的效果做出评价；对于接受过创新创业指导的大学生来说，他们通常从获取的知识、技能，参与的实践活动是否能够满足自身需求的角度来评价创新创业指导的效果。虽然两个阶段的评价数据来自不同的维度，一个是对现在，一个是对过去，但是它们在评价创新创业指导的效果上的重要性是一样的。

第三章　大学生创新创业思想意识的培养

第一节　大学生创新创业意识培养的重要内容

一、构建以理想信念培养为前提的创新创业意识培养

创新创业意识同理想信念结合起来既能够帮助学生树立建设中国特色社会主义的理想信念，从而实现中华民族伟大复兴的中国梦，又可以激发他们的学习力和创造力。高校思想政治教育可以增强学生创新创业的信心，培养他们的社会责任感，为祖国的繁荣昌盛贡献自己的一份力量。作为高校思想政治教育的一个重要的组成部分，理想信念教育可以帮助学生确立奋斗目标、树立正确的人生理想。理想信念教育主要由四个元素组成，即人生理想、道德理想、职业理想、社会理想。大学生进行创新创业，是经过在学校接受教育深思熟虑后做的决定，既有理性，又有热情。从大学生这一群体的本质上来看，他们敢于提出问题，具有冒险主义精神，质疑传统，勇于大胆想象，在创新创业氛围的不断熏陶之下，高校将会重点培养学生的创新创业精神和意识，激发他们创新创业的热情和增强他们创新创业的信心，为他们提供创新创业的机会。如果有学生在创新创业的过程中遇到困难和挫折就停滞不前、不知所措，那么他们失去的不仅仅是创新创业的主动权，甚至是人生理想和美好的未来，他们的人生观和价值观将变得越来越消极。因此，在大学生创新创业指导工作中融入理想信念教育，能够提升学生的思想素质，使他们拥有更加敏捷的思维，紧紧把握住时代精神，激发他们创新创业的意识与热情，树立信心，为最终走上创新创业之路做好充足的准备。

二、构建以自我意识培养为基础的创新创业意识培养

近年来，我国的综合实力不断增强，人们就业的渠道也越来越广泛。在这

样的背景下，国家提出支持大学生创新创业，许多大学生响应国家政策走上了创新创业之路，并赚到了人生的第一桶金。因此，对于大学生来说，具有创新创业所需的精神力量和自我意识是极其重要的。那么自我意识指的是什么呢？首先是自我认知。大学生要正确地认知自己的兴趣所在，创新创业需要的个人条件、专业技能。其次是对自己做出客观的评价。大学生要客观地评价自己是否具有创新创业的潜质和创新创业的条件。最后是不断地提升自我和关注自身的成长。当自己存在不足的时候，大学生要努力提升自我，通过不断的学习和历练提升创新创业素质。目前，很多大学生存在跟风的心理，认为创新创业是一件很时髦的事，殊不知创新创业极具挑战性。他们对创新创业了解得还不够全面，不清楚创新创业者都应该具备哪些素质。此外，他们对自己了解得也不够清楚，如自己喜欢什么、特长是什么、有什么样的能力。这些都阻碍了大学生创新创业素质的提升，阻碍了创新创业潜质的挖掘。在培养大学生创新创业意识的过程中，高校要结合思想政治教育课程体系提高大学生的自我认知水平、增强大学生自我意识，使大学生群体成为我国创新创业的主力军。① 大学生在创新创业的过程中，要通过不断地实践来挖掘自身的创新创业潜能，不断地提升自身的创新创业素质，以实现创新创业的理想。

三、构建以意志品质培养为核心的创新创业意识培养

创新创业并不是很多人想象的那么容易、一帆风顺，它需要事先做好计划和组织，运营的过程中还会遇到很多风险、困难、挫折，甚至是一次又一次的失败。只有具备良好的意志品质，才能够支撑创新创业者从困难、挫折，甚至是失败中走出来，坚持自己的理想，并最终走向成功。大学生还没有步入社会，没有丰富的经验和阅历，一旦在创新创业的过程中遇到了困难和挫折，便会有为难情绪，开始怀疑自己的能力，打退堂鼓，逃避拖延，甚至有的产生了投机心理，不去积极地想办法解决难题，反而消极应对，这大大影响了创新创业活动的正常开展。当意识、能力、资金等条件相同的时候，为什么有的人成功了，有的人却失败了呢？归根到底还是意志品质对个人的影响。坚强的意志和良好的品质是一名成功的创新创业者必须具备的素质。有了它们，才能够在创新创业的道路上披荆斩棘、奋勇向前，不断磨炼自己的意志，坚定信念，最终获得成功。强大的意志力和顽强的精神能够帮助我们战胜创新创业路上的千

---

① 高桂娟，苏洋. 学校教育与大学生创业能力的关系研究［J］. 复旦教育论坛，2014（1）：24—30.

难万阻，实现创新创业梦想，收获人生宝贵的经验。大学生在日常的学习和生活中经常会遇到一些心理问题，高校思想政治教育课程体系能够及时缓解他们的心理压力，排解他们的忧愁，培养他们适应环境的能力，完善他们的人格，教会他们如何保持乐观向上的心态、积极健康地面对生活，同时使他们学会自我调节。心理健康教育有着广泛的覆盖面，教学内容也十分丰富。介绍成功人士和他们创新创业的案例可以培养大学生良好的意志品质。将心理健康教育和创新创业教育融入高校思想政治教育课程体系，既调整了大学生的创新创业心态，又培养了他们不怕困难、勇于面对挫折的优秀品质，为创新创业打下坚实的心理基础。良好的创业心理品质主要有勇敢自信、独立思考、选择判断、积极行动、交流合作、敢于拼搏，能在创新创业实践活动中起调节作用，使创新创业者以最佳的状态去面对困难和挫折，以百折不挠的精神意志为桨，朝着追寻理想的方向不断前进，更快地到达成功的彼岸。

四、创新创业意识培养的意义

（一）国家大众创业、万众创新战略落实的需要

李克强总理最早在 2014 年 9 月的夏季达沃斯论坛上提出，借改革创新的"东风"，在 960 万平方公里土地上掀起一个"大众创业""草根创业"的新浪潮；在 2015 年政府工作报告中又提到"大众创业、万众创新"战略。随后国务院发布的《关于大力推进大众创业万众创新若干政策措施的意见》中指出，推进大众创业、万众创新，就是要通过加强全社会以创新为核心的创业教育，弘扬"敢为人先、追求创新、百折不挠"的创业精神，厚植创新文化，不断增强创业创新意识，使创业创新成为全社会共同的价值追求和行为习惯。[①] 高校大学生作为创新创业的主体、社会发展和人才队伍的后备力量，投身创业行列中，无疑会壮大创新创业队伍，创造更多的就业机会，带动经济的发展，增添经济发展的新动力和新活力，更好地推动"双创"战略落地落实。因此，转变大学生的思想观念，让其自觉投身到创新创业实践当中，对于落实"双创"战略至关重要。大学生就业观念的转变和创业意识的形成，需要靠创业意识培育来实现。进行大学生创业意识培育，拓宽大学生的思维路径，转变其对于创业的认知，帮助其树立创新观念，激发对创业的兴趣，提高创业素质，增强创业

---

① 国务院办公厅关于深化高等学校创新创业教育改革的实施意见[EB/OL].(2015—05—13)[2016—11—24].http://www.gov.cn/zhengce/content/2015/05/13/content 9740.htm.

的能力，使其积极投身创业浪潮当中，进而带动更多的人参与其中，实现国家经济的转型升级。

（二）高校人才培养模式改革的需要

深化高校创新创业教育改革，是国家实施创新驱动发展战略、促进经济提质增效升级的迫切需要，也是推进高等教育综合改革、促进高校毕业生更高质量创业就业的重要举措。国务院在 2015 年发布的《关于深化高等学校创新创业教育改革的实施意见》中指出，把深化高校创新创业教育改革作为推进高等教育综合改革的突破口，树立先进的创新创业教育理念，面向全体、分类施教、结合专业、强化实践，促进学生全面发展，提升人力资本素质，努力造就大众创业、万众创新的生力军。坚持问题导向，补齐培养短板。把解决高校创新创业教育存在的突出问题作为深化高校创新创业教育改革的着力点，融入人才培养体系，丰富课程、创新教法、强化师资、改进帮扶，推进教学、科研、实践紧密结合，突破人才培养薄弱环节，增强学生的创新精神、创业意识和创新创业能力。高校作为大学生创业意识培育的主导者，在这个高度竞争、机遇无限、跨越发展的时代，必须凸显以学生为中心的理念，把学生的需要作为高校改革关注的重点，进行大学生创业意识研究，探索大学生创业意识培育路径；必须转变发展理念和发展模式，促进高校创新创业教育改革。只有这样才能改革创新，激发大学生蕴藏的无限活力，将高校打造为高水平、有特色的大学。当今世界的竞争归根到底是人才的竞争，社会的发展对人才素质提出了更高的要求，创新创业意识就是其中要求之一。大学生作为知识分子队伍的新生力量必须具有创新创业意识。创新创业意识的培育能够帮助大学生树立正确的就业观，发挥他们的主观能动性，发掘内在潜能，提高创新创业素质。加强大学生创新创业意识的培育是高校人才培养模式改革的内在动力。

（三）大学生全面成才的需要

大学生全面成才的当代内涵指的是大学生德智体美劳各方面素质的全面发展。作为大学生全面成才的基本素质之一的创新创业素质，是在先天生理基础上，通过后天对创新创业知识的学习，逐渐内化创新创业意识，进而外化为创新创业能力的综合体现。创新创业素质有两个层面的内容，也就是创新创业意识等精神层面和创新创业活动等实践层面。而创新创业意识是创新创业素质的核心部分，也是大学生全面成才的内在蕴涵。创新创业意识是大学生自觉实施创新创业行为的前提条件。大学生自觉进行创新创业源于对创新创业的深刻认识与了解，源于对创业运行的正确评价以及自身创新创业知识和修养。一般来讲，当大学生能理性认识到创新创业对现代社会发展的重要性和必要性，认识到创新创业与其自身成才的密切关系时，才会积极发挥主观能动性，从个人的内在需求出发让创新创业服务于自身的发展。当今世界，各国之间的竞争归根到底是人才的竞争。时代在进步，经济在发展，对人才提出更高要求。大学生作为储备人才，应该顺应时代发展变化，不断提升自身的素养和能力。每年不断增长的高校毕业人数和严峻的就业形势使得大学生不得不重新考量现状和就业问题，衡量自身能力，发掘自我潜能，直面自己的需要，重视个人全面发展和成才。创新创业意识是一种内在驱动力，能够激发学生突破自我，激发责任感和使命感，发挥其内在潜能。进行创新创业意识的培育：第一，可以帮助大学生理性看待创新创业，形成理性的创新创业认知，使大学生转变对于创新创业的看法与态度，增强对自我创新创业素质的认知，帮助他们更加了解自己，促进自我成长，当然这不是一味鼓励所有大学生都去创业，应该让学生看到创新创业的潜在风险，看清自身、看清现实、学会思考，拥有正确面对创业无论成功还是失败的心理素质，这对于大学生今后的发展至关重要。第二，帮助大学生正确看待自身价值，促进其全面成才。大学生作为社会发展的人才后备力量，担负着重大的历史使命，肩负着国家的未来，这就要求大学生不断提升自己各方面的素质，全面提高自身的能力，实现自身价值。除此之外，大学生创新创业意识的培育，对其未来的工作、学习、生活也有很大帮助，使他们能够拥有过硬的心理素质和强烈的责任感，勇于面对未来的一切挑战、困难。整合各种社会资源对大学生进行创新创业意识培育，引导大学生转变旧的就业观念，增强大学生创新创业意识，使其充分认识到创新精神和创业意识对全面成才的重要性。能够发挥自身主观能动性，积极参加相关创业实践活动。在实践过程中，能进一步掌握创新创业技能和知识，不断提高自身的素质，完善自我，实现创新创业能力、个性和需要的全面发展。因此，进行大学生创新创业意识培育研究是大学生全面成才的需要。

第二节　大学生创新创业意识培养的对策

一、加强理想信念教育，引导大学生树立创新创业目标

（一）加强实践教育

高校除了在课堂上对学生进行理想信念教育以外，还可以通过实践活动来展开理想信念教育。高校可以通过丰富的实践教育来激发学生的创业热情，帮助他们树立远大的创业理想。高校应该定期组织学生参观爱国主义教育基地，让他们认识到是无数先辈的无悔付出才有了我们今天日益强大的祖国，这种自强不息的民族精神将代代相传，我们将坚定不移地加快改革创新，实现全面建成小康社会的目标，集中力量进行社会主义现代化建设，从而实现中华民族伟大复兴的中国梦。一些高校还可以与企业取得联系，让学生走进企业，了解新技术、新方法给企业带来的发展动力，切实感受创新创业产生的社会价值。高校还要为学生和创新创业者搭建沟通交流的平台，让学生了解创新创业的全过程，帮助他们树立创新创业目标。

（二）营造双创氛围

高校通过各种渠道宣传创新创业的相关政策和资讯，在校园里营造良好的创新创业氛围。高校要定期组织各类创新创业竞赛，并通过校园电视台、广播、校园网、微信群等方式向学生进行宣传，让他们能够抓住每个提升自我创新创业能力和技能的机会，积极主动地参与其中，感受什么是创新创业。另外，高校要树立创新创业典范，对他们的创新创业项目和心路历程进行推介和报道，借助榜样的带动作用对广大学生进行创新创业的启蒙教育，激发学生的创新创业精神和意识，形成崇尚创新创业之风。除了利用传统的宣传手段以外，高校还要借助新媒体，多角度、立体化地宣传创新创业。随着5G时代的到来，手机移动端成为人们接受信息的不二之选。大学生思维活跃，喜欢使用音视频类社交软件。高校可以利用抖音等音视频类播放软件制作与创新创业知识相关的小视频，学生在轻轻滑动手机屏幕的短短几分钟内就能了解创新创业的那些小知识，没有了课堂上的一字一板，学生接受起来也更容易。此外，高

校还可以为正在创新创业路上或已经成功创新创业的学生制作小视频，让他们讲讲创新创业感悟和心得。近年来，直播成为年轻人学习和交流的另一个新方式。利用快手、抖音账号，高校可以请来企业家和创新创业大学生进行直播，用他们的真实经历来宣传创新创业，并和学生们进行网上交流，解决他们存在的问题和困惑。笔者相信，这些新奇有趣、贴近大学生的宣传方式一定能够调动起他们参与创新创业的积极性，在榜样的带动下，他们将携手共进，在创新创业的道路上阔步向前。

二、加强政策教育，激发大学生创新创业热情

（一）加强政策宣传

近年来，我国为了促进大学生创新创业出台了一系列的扶持政策，各地方政府也出台了一些配套政策，从贷款、技术、税收等方面鼓励和支持大学生创新创业，减轻他们的负担。例如，国务院办公厅发出通知，规定凡高校毕业生从事个体经营的，除国家限制的行业外，自工商部门批准其经营之日起1年内免交登记类和管理类的各项行政事业性收费。对符合条件的大学生自主创业的，可在创业地按规定申请创业担保贷款，贷款额度为10万元。对大学生在毕业学年内参加创业培训的，根据其获得创业培训合格证书或就业、创业情况，按规定给予培训补贴。毕业两年以内的普通高校学生从事个体经营，3年内免收管理类、登记类和证照类等有关行政事业性收费。各地方政府也相继出台了多项支持大学生创新创业的举措。例如，上海为大学生创业提供"天使基金"，大学生开办企业可获5万～30万元支持，即使奋斗失败也无须赔偿损失。江西规定，高校学生如果申请休学创业，最多可保留7年学籍，地方财政每年投入1000万元支持青年创业，并重点支持1000名大学生返乡创业。杭州规定，大学生如果需要创业，最多可以申请到20万元无偿资助，并且为大学生在大学生创业园提供2年50平方米的免费用房，等等。

（二）推进协同育人

高校创新创业人才的培养必须同社会和市场的需求相适应。高校在培养人才的时候要敞开大门，积极地与政府和社会进行对接，准确地分析政策和形式的走向，根据用人市场的需求培养创新创业人才。高校可以请来政府工作人员和企业用工人员以论坛的形式为学生解读创新创业政策和资讯，学生也可以就自己关心的问题和他们展开互动。高校也可以组织学生去企业进行实习和考

察，让他们了解当前企业的发展形势，以及政府政策的落实情况。与此同时，专业课教师也要配合创新创业教师共同培养学生的创新创业意识，可以在专业课上为学生分析本专业未来的发展前景，激发他们创新创业的热情，树立创新创业目标。通过高校、政府、企业，创新创业教师、专业教师之间的协同，构建交叉、多样的人才培养机制，一定能够提高大学生创新创业的意识和热情。

三、加强职业生涯规划教育，提升大学生自我认知水平

（一）改进培养方案

什么是职业生涯规划呢？职业生涯规划指的是通过对个人主客观的条件如兴趣、特长、能力和时代环境等进行测定、分析，总结出适合的行业倾向及职业目标，并为实现这一科学目标，对其自身的职业生涯乃至人生进行系统计划的过程。大学生职业生涯规划，对大学生而言，就是在自己兴趣、爱好的前提下及认真分析个人性格特征的基础上，结合自己专业特长和知识结构，对将来从事工作所做的方向性的方案。大学生在走向社会前，将现实环境和长远规划相结合，给自己的生涯一个清晰的定位。高校应该根据大学生创新创业的现状适时地改进职业生涯规划培养方案，利用科学的测评体系让学生清楚地了解自己的创新创业水平，以便展开差异化教学，根据学生自身的兴趣和特点引导他们选择创新创业的方向，挖掘他们的创业潜能，发挥自身优势，补足自身短板，不断增强创新创业的能力和技能。

（二）用好测评系统

借助专业的生涯规划机构和测评系统，大学生可以从潜能、人格、兴趣测验等维度进行自我评估，选定发展方向，确定发展目标，设计自己的生涯规划，并制订计划，按照计划一步一步地实施，对执行的情况做出评估和反馈。通过测评系统，学生对自己的能力水平有了一个清晰的认识，知道自己欠缺什么，以便抓紧在校时间不断完善和提升自我，减少创新创业路上的绊脚石，向自己制定的创新创业目标不断迈进。目前，国际上有很多成熟的自我认知理论，比如马斯洛的需求层次理论、MBTI性格理论、霍兰德职业兴趣理论，借助这些理论，不同的机构从兴趣、性格、技能、价值观等维度设计出了许多职业测评体系。高校可以通过这些测评体系帮助学生清楚地认识自我，并不断提升自我。从现实情况来看，很多学生并没有使用这些测评体系，一是大部分的创新创业指导教师注重理论讲解，没有在学生中推广这些测评体系；二是高校

对测评体系没有给予足够的重视，没有投入资金购买测评体系，这样学生就无法体验测评体系的效果了。

（三）实施差异教学

如何来定义差异教学呢？我国的华国栋教授认为，差异教学指的是在班集体教学中立足学生差异，满足学生个别的需要，以促进学生在原有基础上得到充分发展的教学。教师可以根据学生平时的表现和职业测评体系把那些具有创新思维和创新创业意愿强烈的学生分到一个班里进行教学，再把创新创业意愿不强烈的学生分到一个班级里。运用不同的教学方法，挖掘两个班级学生的各种潜质，激发和鼓励他们的创新创业精神和意识，发挥他们的优势，补足他们的短板，帮助他们树立创新创业目标，并坚定地走下去。

四、加强心理健康教育，培养大学生良好的意志品质

（一）开设创新创业心理课程

目前，高校开展心理健康教育的方式主要有心理健康理论课程，宣传教育、心理辅导，以提高学生的心理素质，挖掘他们的潜能，帮助他们形成健康的心理，促进人格的健全发展。根据学生对创新创业意识培养的需求，高校应该开设创新创业心理课程，向他们传授健康的创新创业的心理知识，剖析创新创业过程中会产生的心理问题，使这些心理知识逐渐内化为学生的创新创业心理素质，最终形成不怕困难、主动迎接挑战、坚持不懈的良好的意志品质。

（二）开展心理行为训练

我们先来了解下什么是心理行为训练。心理行为训练指的是综合行为心理学、社会心理学、咨询心理学和认知心理学等学科原理，通过创设情境，借助团队协作的力量，以提高学生心理素质的训练方法，主要有发散思维能力训练、情绪调控能力训练、意志力训练、人际沟通能力训练、抗挫折能力训练和自信心训练 6 种基本方法。意志品质训练是大学生心理行为训练的重要组成部分，是提高大学生意志品质的有效途径。在高校创新创业指导课程体系中对学生进行心理行为训练活动，有助于他们客观地认识、分析、把握自己，当他们在创新创业的过程中遇到困难的时候能够以积极乐观的心态去面对，增强他们抗压力、抗挫折的能力，促进他们创新创业意识的形成。

（三）加强挫折教育

在创新创业的过程中，大学生一定会遇到各种各样的挫折。他们能否从挫折中重新站起来，是他们成为成功的创新创业者不可缺少的一项素质。这项素质的获得与他们良好的意志品质有关。尽管大学生对自己的未来充满了无尽的期许，但是随着中国家庭生活条件的不断改善，以及家长对子女的溺爱，很多大学生都没有做好打一场艰苦创业持久战的心理准备。如果一个人没有坚强的意志力、没有较强的心理承受能力，当他在创新创业的过程中遇到挫折的时候，便很容易受到打击，产生退缩的想法，在创新创业的路上半途而废。因此，将挫折教育融入高校心理健康教育体系对培养学生良好的创新创业品质具有重要的意义。大学生良好的意志品质的培养的第一步是让他们学会正确地看待创新创业过程中遇到的挫折，把挫折看成自身成长的一个契机，是锻炼和提升意志和能力的好机会，以积极的心态去面对，静下心来认真分析原因，提高自身抗压力的能力，重新振作起来，始终保持高昂的创新创业斗志。与此同时，高校心理咨询中心为学生提供及时、有效的创新创业心理咨询服务。针对学生在创新创业过程中遇到的不同问题，心理咨询教师要对他们进行针对性强的心理辅导，做到"一人一案"，帮助他们疏导不良情绪，缓解心理压力，及时纠正错误的认知，提高抗挫折能力，不断增强自身的心理素质。

第四章　大学生创新创业能力培养的
理论基础以及应用

第一节　大学生创新创业能力培养的理论基础

一、创新创业理论

（一）约瑟夫·熊彼特的创新创业理论

基于"创新"的观点，约瑟夫·熊彼特提出的创新创业理论指出，"创新"是创业行为必须具有的特性。1912 年，约瑟夫·熊彼特在他所著的《经济发展理论》一书中第一次提出了"创新"这个概念。根据创新理论，约瑟夫·熊彼特对资本主义的产生和发展进行了解释和阐述。约瑟夫·熊彼特认为，创新指的是对生产要素进行重新组合，比如产品、生产方法。正是由于对生产要素进行重新组合，也就是建立在创新之上的创业行为使得经济能够不断地发展下去。约瑟夫·熊彼特又对创业行为进行了分类：①使用一种新产品。这是一种消费者之前不知道的产品或者是某一种产品的某项新功能。②使用一种新生产方法。这种生产方法未经制造部门的检验，也不是建立在新的科学发现的基础上的。从商业的角度来看，它可以是处理产品的一种新方式。③开辟一个新市场。某一制造部门进入之前未曾涉足的市场，这个市场可能之前就存在，也可能是一片蓝海。④对原材料或者半成品新的供应来源的掠取或者控制，无论这种供应来源是第一次被创造出来的，还是之前就存在了。⑤对任意一种工业进行新的组织。[①] 约瑟夫·熊彼特特别指出，创新需要创业这一过程得以实现，

---

① 熊彼特. 经济发展理论——对于利润、资本、信贷、利息和经济周期的考察 [M]. 何畏，易家祥，等译. 北京：商务印书馆，1991：73-75.

它是一种内在的因素，是创业的手段和本质。在约瑟夫·熊彼特看来，整个社会不断地实现这种新组合就是人们所谓的经济发展。如果没有创新、没有改变，一切都处于平衡的静态的"循环流转"之中，人类的经济生活便无法继续发展下去。只有创新，企业家才会出现，才能够产生利润、资本、利息。为了追求更多的利润，企业家对生产要素进行不断的重组，从而实现创新。企业家成为组织和推动"创造性破坏"的人。经济的非均衡状态因创新而被打破，动态性经济运动和经济发展由此产生。创业的最终实现是市场上出现创新成果，创业者的作用不在于发明某个东西或创造供企业利用的条件，而是在于有办法促使人们去完成这些事情。约瑟夫·熊彼特进一步指出，创业活动是经济体系发展的根本动力。在约瑟夫·熊彼特看来，创业者不一定是"企业家或者资本家"，但是一定是实现"新组合"的人。与此同时，企业家在资本主义经济发展过程中的独特作用受到约瑟夫·熊彼特的重视，他认为，只有胆识过人的企业家，才能充分体现资本主义制度正当性，才是资本主义制度的引擎动力。企业家的职能是实现新组合，他们不仅是交换经济中独立的生意人，任何能在实际中履行上述定义的那种职能的人都可称作企业家。约瑟夫·熊彼特还认为企业家是创新的主体和灵魂，是一种特殊的类型，也就是他们的行为是一个特殊的问题，是大量重要现象的动力。从目的上看，企业家的行为和其他行为是不一样的，它是以创新为目的的，创新是企业家特有的工具。①

（二）彼得·德鲁克的创新创业理论

彼得·德鲁克是美国著名的管理大师，他的创新创业理论和约瑟夫·熊彼特的有着相同之处。彼得·德鲁克和约瑟夫·熊彼特都强调创新的重要性，对企业家精神给予特别的关注，认为他们做的事情应该是与众不同的。一个社会要想健康地发展，就必须创新，人们可以通过学习获得创新的能力。在约瑟夫·熊彼特的创新创业理论的基础上，彼得·德鲁克进一步发展并阐述了"创造性的破坏"。彼得·德鲁克指出，"创造性的破坏"是一种对产品和服务进行改变，使资源能够创造财富，为社会创造价值的行为和能力。彼得·德鲁克既从经济的角度又从社会的角度强调了创新的重要性。彼得·德鲁克认为，创新是一种实践，它的主体是企业家。无论是在经济领域，还是在社会、管理领域，企业家都发挥了重要的作用。与此同时，从创造的资源来看，除了经济范畴之外，还包括资本、物质资源、劳动力、管理等资源。彼得·德鲁克特意指

---

① 熊彼特. 经济发展理论［M］. 邹建平，译. 北京：中国画报出版社，2012：68-73，78-83.

出，创新无处不在，只要在事物结构中建立系统化、有组织的创新，就能保持社会经济连续性。无论是什么组织，都可以创新，都可以学习企业家精神。彼得·德鲁克尝试把创新当作一门学科来研究，以供人们学习和实践，并且提出了有目的的创新、企业家战略、企业家管理。在人们的传统观念里，创新是高不可攀的，虽然它能够为消费者带来价值和满足。实际上，创新是可以通过学习和训练获得的。Drucker 认为，不管是对于企业还是变革的领导者，创新不仅仅是愿意接受新的、不同的事物，还需要有意愿和能力来改变现行做法。[①] 换句话说，企业必须建立系统的创新政策才能够创新成功。彼得·德鲁克认为，光注意创新来源还不行，我们还要在精密分析的基础上对其进行系统的研究，要有计划、有步骤地进行。彼得·德鲁克指出，创新是一项理性的、可以组织的、具有系统化的工作，它能够被培养和管理。对于创业来说，彼得·德鲁克认为，创业是一种"可以组织，并且是需要组织的系统性的工作"，甚至可以成为日常管理工作的一部分。成功的创业者不是去坐等灵感的降临，而是要实际工作。[②] 彼得·德鲁克指出，在创业的过程中创新起到了很重要的作用。那什么是创业呢？彼得·德鲁克认为，创业是可以创造出新的、与众不同的事情，并且可以创造价值的活动。就创业者和企业家而言，彼得·德鲁克认为虽然一些发明家是创新者，但是他们不懂得如何管理，因此无法将创新成果加以转化，成为创业者。首先，企业家精神和人格特点没有关系。他把有着企业家精神的创新者叫作保守的创新者，这是因为成功的创新者和企业家，他们中没有一个人具有冒险倾向。[③] 其次，企业家精神和公司规模性质没有关系。企业无论大小、是国有还是私营，都需要创新。企业里的任何人也都可以成为企业家。观念和理论是创新的基础。只要成为创新的主体，就能成为创业者或者企业家。通常情况下，人们都是从小规模且简单的创新开始的，逐渐发展为较大的创新。可见，企业家精神是要一步一个脚印、日积月累才能得以体现的。彼得·德鲁克认为，要把创新转化为行动及结果，杰出的创新者需要经过某种训练，掌握后创新才会有效。[④] 综上所述，我们从彼得·德鲁克的创新创业理论能够看出，事实上，管理创新的行为就是创业行为，管理创新的能力

---

① 德鲁克. 21 世纪的管理挑战［M］. 刘毓玲，译. 北京：生活·读书·新知三联书店，2003：95.

② 德鲁克. 创业精神与创新［M］. 张炜，译. 上海：上海人民出版社，2002：185-188.

③ 德鲁克. 创新与企业家精神［M］. 蔡文艳，译. 北京：机械工业出版社，2009：25.

④ 德鲁克. 21 世纪的管理挑战［M］. 刘毓玲，译. 北京：生活·读书·新知三联书店，2003：108.

（也就是创业能力）是可以通过后天的学习获得的。

二、人才培养理论——斯滕伯格（Sternberg）的 WICS 理论

（一）什么是斯滕伯格的 WICS 理论

斯滕伯格的 WICS 理论模型指的是智慧、智力、创造力三者的整合，由智慧平衡理论、成功智力理论、创造力投资理论组成。[①] 斯滕伯格在他的成功智力理论中指出，个体智力由三部分组成，即分析性智力、创造性智力、实践性智力。其中，分析性智力指的是进行分析、评价、比较、判断的能力，能够帮助学习者综合地应用各种知识界定问题，找到解决办法；创造性智力指的是创新地使用各种知识的能力，能够帮助学习者在面对新异时，发现问题并创造性地解决问题；实践性智力指的是适应、改造、建设的能力，能够帮助学习者有效地将他们的想法付诸实践。斯滕伯格从他的研究中发现，在很大程度上，分析能力、创造能力、实践能力这三者是相互独立的。当人们在现实生活中遇到问题的时候，分析能力、创造能力、实践能力便相互协调共同解决问题。通过分析性智力、创造性智力和实践性智力之间形成的平衡，人们获得了成功。

创造力投资理论认为，任何人都有创造力，不同的是创造力的领域和层次。创造力集分析能力、创造能力、实践能力为一体。创造性的工作需要运用并平衡上述三种能力。创造力由智力、知识、思维风格、人格、动机、环境这六种因素构成。实际上，创造力投资理论是对成功智力创造性的延伸。智力、知识、思维风格、人格、动机、环境从不同的方面和程度对创造力产生着影响。智力因素由两种能力组成，一是重新界定问题的能力，二是对问题的洞察力。重新界定问题的能力依赖于一系列的洞察技能，比如敏锐地发现问题的关键因素，并将它们进行有意的组合，同已有的信息进行比较和分析。因此，重新界定问题是创造性解决问题的开始。知识因素和创造力呈现的是倒 U 形的关系。首先，创造性思维是以一定的专业知识为背景的；其次，个体的创造性发展又会因为专业知识的成熟和完整受到阻碍，也就是说适量的知识对创造力的产生是最有利的。思维风格指的是人们运用智力和知识解决问题的倾向。一般情况下，具有立法型思维风格的人愿意自己制定规则，凡事都要按照自己的方式去做，这对于创造力的产生是有利的。在人格因素中，对模糊的容忍度、

---

① 斯滕伯格，贾温，格里格伦科. 教出有智慧的学生：为智慧、智力、创造力与成功而教 [M]. 杜娟，郑丹丹，顾苗丰，译. 福州：福建教育出版社，2014：5-16.

坚韧、坚持、自信、冒险等特质对创造力的产生有着非常重要的作用。动机因素中的个体内在动机和任务定向动机能够激发创造力。当然，要想发挥创造力，我们还需要发挥环境这个因素。

基于成功智力理论和创造力投资理论，人们提出了智慧平衡理论。智慧平衡理论指的是通过平衡个体内部的、人际间的、个体外部的短期和长期利益，运用成功智力与创造力获得共同利益。在面对真实情景和现实问题的时候，多元智力的平衡运用和创造性运用形成了智慧。智慧平衡理论关注的是在教授学生知识和技能的基础上，使他们能够智慧地思考并解决问题。从本质上看，智慧平衡理论是成功智力实践性的延伸。

（二）WICS 理论模型在教育实践中的应用

1. 在卓越中平等

斯滕伯格认为，一直以来，美国的教育对于记忆能力和分析能力都十分重视。这种教学理念既体现在课堂教学中，也体现在考试中。因此，通常情况下，如果一个学生有着比较强的分析能力，那么他的成绩就会很突出。对于那些实践能力、创造能力比较强的学生而言，他们无法在这种教育理念下得到足够的重视，导致他们的个性发展受到了阻碍。另外，在斯滕伯格所处的年代，美国社会选拔人才的系统过于封闭。考试分数和学业能力成为人才选拔的标准。因此，具有创造性和实践能力强的人一直处于劣势。封闭的系统封锁了个人的选择，扭曲了社会，剥夺了许多人本应该属于他们的机会，整个社会也因此失去了它们的天才。为了体现教育的平等，也为了让更多的学生能够获得成功，斯滕伯格在教学中进行改革，提出了全新的教育目标——在卓越中平等。斯滕伯格认为，教育者要摒弃过去那种能力、卓越、教学过程的观念，建立新的学生观、教育观、学校观，学校不是竞技场，需要满足不同文化学生的需求。与此同时，对于具有不同能力模式的学生而言，学校要鼓励他们个性化的发展，努力为他们提供能够使他们提高知识、能力的一切可能性。在卓越中平等，以真正的教育平等来确保教育优异。

2. 为成功智力而教

2000 年，斯滕伯格在多元化智力和能力研究的基础上，提出一套最大限度地满足每一个学生能力发展的为成功智力而教的"三元教学与评估"方案。这套方案不仅使教师的教学和学生的能力得以匹配，也使评价和教学活动得以匹配。从实践的情况来看，"三元教学与评估"方案对于学生的学习有很大提升，不仅促进了传统教学中对学生记忆能力、分析能力的培养，也凸显了其在创造性和实践能力培养上的优势。

3. 为智慧而教

2001 年，基于智慧平衡理论，斯滕伯格提出了另一教育观点——为智慧而教。斯滕伯格认为，对于社会而言，只有正确地使用知识和技能，它们才能够给人类带来值得期待的有福祉的未来；只有在一定的价值观框架内，知识和能力的使用方向才可以得到保障；要想从多元的视角去看待一个问题，人们必须基于正确而合理的判断。[①] 因此，只有培养学生的"责任意识"，学校才能够将"智慧"作为它的一个教育目标。学校教育不是为了培养出"百科全书"式的学生，也不是为了创造性和批判性去培养学生，而是要让他们学会用自己的智慧去思考问题并解决问题，基于他们所掌握的知识和具备的能力，创造性地用于促进社会的发展上，多承担一些社会责任。

（三）WICS 理论模型对我国高校大学生创新创业能力培养的指导意义

1. 使创新创业教育目标的落实更加稳健

创新创业活动对就业增长有着明显的扩大作用，因此一些地方政府和高校把它看作一条提升就业率的好途径，希望越来越多的大学生能够通过创新创业实现就业。从现实的情况来看，有的高校存在着理解上的误区，它们把创新创业教育和学生开公司混为一谈，把培养学生企业家作为创新创业教育的目标。根据斯滕伯格提出的 WICS 模型，教育的目标是要培养出具有一定的能力并将它们应用到实践中去，从而改造和促进社会发展的人。近些年来，随着创业型经济在我国的快速发展，我国对这方面人才的需求越来越大，因此带来了创新创业教育的蓬勃发展。高校的创新创业教育要想满足社会经济发展的需要，只是培养出几个企业家还远远不够，要立足教育的根本，培养出具有改造社会的能力的群体。因此，我们能够看出，WICS 理论的人才培养观点和我国创新驱动发展战略的人才需求是相符的。因此，高校要根据时代背景和社会经济的需

---

① 斯滕伯格，贾温，格里格伦科. 教出有智慧的学生：为智慧、智力、创造力与成功而教 [M]. 杜娟，郑丹丹，顾苗丰，译. 福州：福建教育出版社，2014：5—16.

要认真思考创新创业教育的培养目标，为社会培养出具有创造能力、有社会担当的劳动者。

2. 使创新创业教育内容更加丰富

开设创业知识和技能课程、举办创业讲座、开展各级各类创新创业大赛、扶植学生创新创业项目孵化是目前我国高校创新创业教育普遍采用的模式，对于大学生了解创新创业的相关知识、参与创新创业实践活动具有一定的促进作用。但是上面这些教学内容侧重培养学生的实践能力，对于斯滕伯格提出的WICS模型中的分析性智力和创造性智力的培养极少涉及。一种有效的教育手段是要全面地培养学生的多元智力因素，均衡发展他们的各种能力，使他们相互促进、共同提高。尤其是创新创业教育，只培养学生的创新创业技巧是不够的，如何运用所学到的知识进行创新、具备创新创业精神和能力也应该成为创新创业教育的重要内容。创新创业教育只有做到这些，才能够培养出符合我国社会发展需要的创新创业力量。

3. 使创造力的培养和教育教学融合发展

对学生创造力的培养是在学校教育、课堂教学中完成的。[①] 高校要把学生创造力的培养作为教学目标；通过制定教学任务和设计教学方法，从而形成科学客观的评估体系，在整个教学过程中体现为创造力的培养。学生在创新创业教育的培养下具有了创造性的人格，敢于冒险、敢于质疑，受到了更多的鼓励和支持。高校要为学生营造一个对创造性行为给予支持、鼓励和保护的良好环境。从高校开展创新创业教育的实践来看，高校并没有将创新创业教育和专业教育融合在一起。根据创造力投资理论，独立存在的创新创业知识和技能培训可能会在知识获得和运用、在关系能力和组织协调等能力上起到一定的促进作用，但是对个体真正形成知识应用、机会把握、运营管理等维度中体现个体创造力特点诸如开拓能力、创新创造能力、果敢把握机会的能力等方面并没有太大推动。[②] 笔者对于大学生创造性智力进行的一项问卷调查表明，几乎所有的大学生都认为自己的创造力因素有所欠缺，比如创新、创造、开拓、规划，这也从另一方面说明我国高校创新创业教育在内容上是需要完善的。

---

① 斯滕伯格，贾温，格里格伦科. 教出有智慧的学生：为智慧、智力、创造力与成功而教 [M]. 杜娟，郑丹丹，顾苗丰，译. 福州：福建教育出版社，2014：5—16.

② 林强，姜彦福，张健. 创业理论及其架构分析 [J]. 经济研究，2001 (9)：85—94.

4. 使创新创业教育更加系统化

培养学生的创新创业能力是高校创新创业教育的根本目的，创造力则是这一能力的核心素质。根据斯滕伯格提出的 WICS 模型，创造力主要由六种因素构成，即智力、知识、思维风格、人格、动机、环境，平衡运用分析能力、创造性能力、实践能力是创造性工作的过程。正是上述六种因素的共同发展和相互作用才产生了创造力行为。我们从构成创造力的因素和其产生的机制能够看出，培养创造能力是一项系统化的工程。以完全智力为基础，加之各种因素的促进，综合平衡运用各方面智力，同时正确引导学生进行创造力的实践应用。因此，高校在培养学生进行创新创业能力的过程中需要根据创造力的培养规律将创造型人才培养理论纳入课程体系中，以寻求创新创业型人才培养的新途径。

第二节　大学生创新创业能力培养模型的建构

一、如何理解建立在 WICS 理论基础上的大学生创新创业能力培养

前面我们已经介绍了 WICS 理论将人们智力的组成分成了三个部分，即分析性智力、创造性智力、实践性智力。分析性智力、创造性智力、实践性智力相互协调共同解决问题，它们的综合运用就产生了创造力。智慧的成功的教育是让学生在正确的价值观的指导下，学会如何平衡地、创造性地运用他们的各种能力去解决问题，以促进社会的发展。WICS 理论对于如何培养大学生创新创业能力给我们的启发是：创新创业能力是建立在对综合智力和综合能力的培养上的，高校要引导学生在推动创业型经济发展的过程中运用他们的创新创业能力。

很多学者经过大量研究指出，个体的特质、知识、技能，机会开发能力，管理经营能力，专业知识应用能力，创新能力，团队合作管理共同组成了大学生的创新创业能力。无论是个人还是团队在进行创新创业的时候，在确认商机和管理经营的过程中，大学生需要运用专业知识应用能力和创新能力，以体现出专业技术型创业、机会型创业中专业知识应用、创新和普通商业过程的结合，并且通过个人特质能力、团队实力来完成创业行动的顺利进行和发展。实际上，这些构成大学生创新创业能力的要素就是 WICS 理论中所提到的个体完全智力中的分析性能力、创造性能力、实践性能力的组合。按照 WICS 理论，

综合运用分析性智力、创造性智力、实践性智力从而产生了创造力,因此创新创业能力就是在创新创业的过程中综合运用这些能力要素而产生的创造力。

因此,笔者认为,高校在培养学生创新创业能力时,基础是培养学生的多元智力,途径是开发学生的综合创造力,结果是将综合创造力投入创新创业行动:首先,高校如果简单地激发学生的创新创业行动、推动创新创业项目,缺少对他们综合创造力的培养,将不利于学生创新创业能力的规范化培养。其次,如果不以多元智力的培养作为基础,那么有效的创造力便不会形成。单独培养任何一种智力都不能使学生形成创新创业能力,这是由于综合创造力是创新创业能力的实质所决定的。最后,创新创业能力的形成和发展的基础是多元智力。因此,高校创新创业指导课程要以培养学生个体多元智力作为基础。综合创造力,也就是创业能力的形成是建立在对全面智力进行培养的基础上的。此外,智力、知识、思维风格、人格、动机、环境这些因素都与创造力的形成有关。在这些因素的共同作用下,创造力综合运用多元智力解决问题。同样的道理,作为创新创业过程中的综合创造能力,创新创业能力每个维度的形成也是有其自身的影响因素的,并在影响因素的综合作用下促进创新创业能力各维度和综合创业能力的形成和发展。因此,确定创新创业能力各维度的影响因素及其影响路径,以多元智力培养为基础,通过影响因素的综合作用,将多元智力基础平衡地综合地运用,形成综合创造力,并利用影响因素引导综合创造力在创新创业行动中的应用,将是培养创新创业能力的根本途径,是构建创新创业能力培养模式的根本依据。①

二、大学生创新创业能力培养模型框架

根据 WICS 理论中有关人才培养和创造力开发的论述,以及对构成大学生创新创业能力各个因素的分析,笔者是这样构建大学生创新创业能力培养模式的:在多元智力培养的基础之上,通过综合运用多元智力,从而形成创新创业能力。要想实现这一过程,我们需要解决以下两个问题:①哪些因素构成了创新创业能力;②怎样培养这些能力。因此,笔者把研究创新创业能力由哪些因素构成作为切入点,以创新创业能力构成的要求为依据,找出培养因素及其是如何影响创新创业能力的,借助一定的策略帮助学生综合地运用多元智力,形成创新创业所必需的各种能力要素,引导学生在正确的价值观下平衡地、创造

---

① 黄兆信,赵国靖,洪玉管. 高校创客教育发展模式探析 [J]. 高等工程教育研究,2015 (4):40-44.

性地运用各种能力要素开展创新创业行为。首先，根据 WICS 理论的成功智力理论，在创新创业能力培养中体现"三元教学与评估"方案的理念，也就是在教学过程中促进学生完全智力的发展，为他们的创新创业能力的发展打基础；根据学生智力类型的不同，为他们提供不同的发展需求，对他们的创造性能力的发展给予支持和鼓励；对创新创业指导课程体系进行改革，不断提高教学过程和创新创业能力的匹配度；对学生评价机制进行调整，使其符合教学改革的目标。其次，根据 WICS 理论的创造力投资理论，参照影响因素对创造力形成和发展的影响分析，试图找到确定创新创业能力的影响因素和影响路径，从而形成"完全智力培养—综合创造力开发—综合创造力应用于创业过程"的培养路径。最后，根据 WICS 理论的智慧平衡理论，形成指导、鼓励、促进的环境，使学生的完全智力基础和综合创业能力在创新创业实践中得到平衡的、创造性的运用。

三、大学生创新创业能力培养模式图

笔者在分析了大学生创新创业、大学生创新创业能力、高校大学生创新创业能力培养模式之后，构建了大学生创新创业能力培养理论模式。如图 4—1 所示，大学生创新创业能力培养模式是由创业能力培养的影响因素通过适当的途径实现"完全智力培养—综合创造力开发—综合创造力应用于创新创业过程"的培养过程，最终完成对创新创业能力各维度的培养模式。

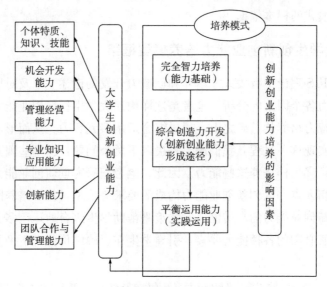

图 4—1　大学生创新创业能力培养模式

第五章　大学生创新创业能力构成要素和培养因素分析

第一节　大学生创新创业能力构成要素分析

一、建立在理论之上的大学生创新创业能力构成要素假设

笔者在创新创业理论的基础上，将大学生创新创业能力概括为：拥有一定专业知识、技能的高素质劳动者（个人或者团队），从事与创新技术、成果、创意的开发、生产和服务等相关的创业活动的能力。笔者查阅了大量的有关一般创新创业能力的文献资料，总结出创新创业能力由四个维度组成，即个体特质、知识、技能，机会开发能力，管理经营能力，团队运作管理能力。笔者根据创新创业理论和对大学生创新创业能力含义的阐述，认为专业知识应用和创新相关的能力也应该包含在大学生创新创业能力之中。因此，笔者将个体特质、知识、技能，机会开发能力，管理经营能力，专业知识应用能力，创新能力，团队合作与管理确定为大学生创新创业能力的核心要素（图5-1）。

（一）个体特质、知识、技能

这一维度主要是从个体内在角度分析创业能力的。首先考察个体内在与生俱来的人格特质，其次分析个体通过后天学习获得的那些与创新创业能力有关的知识和技能。性格、风险承受能力、挫折抗压能力、毅力、动机、态度、自身形象等具体的要素可以归为先天特质，而适当的专业知识、与创新创业相关的管理知识、信息处理能力、沟通能力、判断应变等实践性、综合性能力可以归为后天习得。

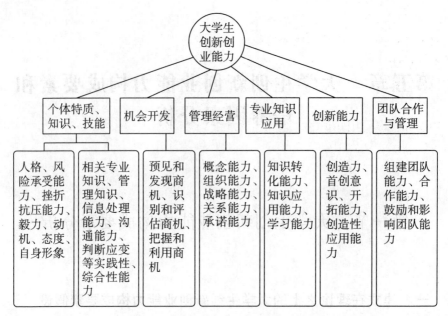

图 5-1　大学生创新创业能力构成维度及具体要素结构

（二）机会开发

这一维度是从创新创业这个商业行为的本质来分析创新创业能力的。找到恰当的市场缝隙，并把握住有商业价值的切入项目和时机是创新创业活动的开始。预见和发现商机、识别和评估商机、把握和利用商机的能力构成了机会开发能力。

（三）管理经营

这一维度是从创新创业的商业运作过程来分析创新创业能力的，也是从企业管理的角度来分析创新创业活动最普遍的视角。与管理经营相关的能力有：①协调组织内所有的兴趣、利益和活动的能力。②组织能力，即组织运作，内部控制、处理和配置关键资源、发展并保持一个成长环境等方面的能力。③战略能力，即目标设定和实现、风险承受、组织发展方向等方面的能力。④关系能力，即组织内外部良好沟通能力。⑤承诺能力，即持续经营企业，对上游供应商、员工、顾客、风险投资等各种利益共同体的承诺能力。

（四）专业知识应用

这一维度是针对大学生创新创业的主体特点和创新创业层次定位对创新创

业能力进行分析的。大学生创新创业强调"拥有一定专业知识、技能"的创新创业主体，和"利用技术优势完成新价值的创造"。层次定位为"有一定专业技术含量的中小型创业企业"。因此，适当的专业知识背景以及应用能力是大学生创新创业的基础条件，是考察他们创新创业能力必不可少的一个维度。这一维度包括：①知识结构，即专业知识和其他创新创业相关知识的覆盖度，理论知识和技能应用知识的搭配和匹配度。②知识的实际转化能力，即实践实验能力、利用专业知识解决实际问题的能力。③知识的创新应用能力，即综合运用所学知识创造性解决问题的能力，根据专业知识发现和质疑现实问题的能力。④学习能力，即运用已有知识不断更新、拓展、学习新知识技能的能力。

（五）创新能力

这一维度是以宏观经济背景对大学生创新创业的定位要求来分析大学生创新创业能力的。著名的奥地利经济学家约瑟夫·熊彼特提出的观点认为，创业是经济过程本身的主要推动力。被称为"现代管理学之父"的美国著名的管理学家彼得·德鲁克认为，只有那些能够创造出一些新的、与众不同的事情，并能创造价值的活动才是创业。[①] 我国创新驱动发展战略的实施需要大规模的创新创业式经济实体的发展壮大作为支撑，以实现传统经济向创新创业型经济的过渡。大学生群体的创新创业与这一宏观经济形势的需要是十分契合的，同时也是经济转型期间对大学生创新创业提出的要求。因此，大学生从创新创业的一开始就要以创新为起点，创新能力是大学生创新创业能力的核心要素和必备条件。创新能力主要由创造力、首创意识、开拓能力、创造性应用能力构成。

（六）团队合作与管理

这一维度是基于创业企业存活和持续发展视角分析大学生创业能力的。企业在发展的过程中，不断地面临着分析、选择和决策，不断地需要新创意、新方法、新市场。如何构建结构合理的团队、如何激发团队的持续战斗力、如何引导团队的发展方向，对于团队的理解和驾驭能力直接影响企业的生存和发展。团队合作与管理由组建团队能力、合作能力、鼓励和影响团队能力构成。

二、大学生创新创业能力构成要素调研分析

笔者查阅了大量的文献，基于理论分析，最终形成了大学生创新创业能力

---

① 德鲁克. 21 世纪的管理挑战 [M]. 刘毓玲，译. 北京：生活·读书·新知三联书店，2003：103－108.

构成要素问卷调查表。通过纸质问卷调查和网络问卷调查的形式，笔者对所在地区的 20 多所各级各类高校，以及一些创业公司的 90 名调查者进行了一次调研。笔者的这次调研活动由两个部分组成：首先，通过访谈的形式与长期从事大学生创新创业能力指导工作的专家和一线教师研讨笔者设计的这份调查表，对其进行修改和完善；其次，在修改和完善调查表之后，进一步扩大调查对象的范围，对调查结果加以分析，以确定创新创业能力构成要素和影响因素。

（一）基于文献和访谈的大学生创新创业能力要素和指标

笔者基于对大学生创新创业能力所包含的要素做出的分析，设计出了一些访谈的问题，比如"你认为大学生创新创业需要具备哪些创新创业能力""你认为培养和提升大学生创新创业能力的影响因素都是什么"。笔者通过阅读大量的文献和开展调研活动，制定出大学生创新创业能力构成要素和指标（见表 5-1）。

表 5-1　基于文献和访谈的大学生创新创业能力要素和指标

维度	具体要素
个性特质、知识、技能	创造性人格
	风险意识和风险承受能力
	抗挫折、抗压能力
	毅力
	动机
	态度
	自身形象
	专业知识
	管理经营知识
	信息处理能力
	应变能力
	执行能力
	实际工作经验
	自律能力

续表

维度	具体要素
机会开发能力	预见和发现商机能力
	识别和评估商机能力
	把握和利用商机能力
管理经营能力	创业构想能力
	理念设计能力
	营销管理能力
	组织分工能力
	建立制度能力
	领导激励能力
	目标设定能力
	组合资源能力
	规划经营策略能力
	适应环境能力
	沟通协调能力
	建立良好关系能力
	追求创业收益的信念
	维护利益共同体的责任感
专业知识应用能力	知识转化能力
	知识应用能力
	学习能力
创新能力	创造力
	首创意识
	开拓能力
	创造性应用能力
	产品研发能力
团队合作与管理能力	组建团队能力
	合作能力
	鼓励和影响团队能力

（二）问卷调查和隶属度分析后的大学生创新创业能力核心要素和指标

笔者对访谈记录进行了整理，最终形成了大学生创新创业能力构成要素调查表。以纸质问卷和互联网问卷的方式对所在地区的大学生创新创业者（基本上是在校学生或者毕业两年以内大学生）、中小企业的创始人、20 余所各级各类高校中常年从事创新创业指导工作的专家和一线教师进行了问卷调查。在本次问卷中，每一个要素项目都设置了五个选项，即非常重要、重要、一般、不重要、无关。受访者需要对大学生创新创业能力构成要素的重要程度做出自己的判断。笔者一共发放了 90 份调查问卷，收回 80 份，占全部问卷的 89%。为了能够对大学生创新创业能力的各项指标进行确定，笔者整理了收回的调查问卷，对所有的数据进行了隶属度分析。[①]

那么什么是隶属度呢？隶属度指的是在每项指标 X_i 上，受访者选择"是"的总次数 M_i 和全体样本数量 N 的比值，表明对于指标 X_i，在所有 N 个受访者中，认为"是"的受访者有 M 个，我们用公式 $R_i = M_i/N$（$i = 1$，2，3，…）来表示这个指标的隶属度。隶属度分析法则是计算出整个样本的隶属度均值 μ、方差 S，以便计算出样本的隶属度临界值 $M = \mu + S/t_{0.01}$，之后用隶属度筛选全部的指标项，把无关项或者不重要项剔除，得到关键因素项。大学生创新创业能力构成要素的隶属度分析就是根据受访者的答案，统计出每项指标选取"非常重要"和"重要"的次数 M_i，说明共有 M 位受访者认为第 i 项指标是重要构成要素，而它在所有样本中的比例，也就是隶属度是 $R_i = M_i/80$。若 R_i 的值很大，表示第 i 项大学生创新创业能力构成要素指标在受访者群体中被认为是"非常重要"，那么第 i 项是应该被保留的；若 R_i 的值很小，表示第 i 项指标"不重要"，可以被剔除。这里需要注意的一点是，临界值是判断 R 值大小的依据。$\alpha = 1\%$ 时，$N = 80$ 的隶属度临界值为 $M = \mu + \dfrac{S}{\sqrt{N}} t_{0.01} = 0.86 + \dfrac{0.1174}{\sqrt{80}} \times 2.58 = 0.9004$，所以隶属度临界值是 90。因此，对于隶属度小于 90% 的指标需要进行剔除。

笔者在调查问卷中所设的大学生创新创业能力构成要素 6 个维度共 42 个小指标，其中共有 14 个隶属度小于 90，按照隶属度筛选，应该被剔除出去，

---

① 谢季坚，刘承平. 模糊数学方法及其应用 [M]. 武汉：华中科技大学出版社，2000：28—37.

分别为第一维度"个体特质、通用性知识与技能"中的"动机""自身形象""专业知识""管理经营知识""信息处理能力""实际工作经验",第三维度"管理经营能力"中的"理念设计能力""营销管理能力""组织分工能力""建立制度能力""建立良好关系能力""追求创业收益的信念",第六维度"创新能力"中的"首创意识""开拓能力"。尽管笔者剔除了以上项目,但是也对它们的隶属度进行了分析,某些项目还是值得关注的,可以为今后的研究提供参照。例如,"专业知识"这一项虽然因为隶属度低于临界值而被剔除出去,但是大学生创新创业先锋和企业家受访者对这一项给予了比较高的认可度,专家和一线教师受访者几乎不太认可这个项目。从这一现象我们能够看出,目前高校创新创业教育没有很好地和专业教育结合起来,它们之间存在着理念的隔阂。在创新创业的实践中,专业知识对每个企业家和大学生创新创业者来说都是他们迫切需求的。"信息处理能力"的隶属度也低于临界值,尽管学生受访者对这项指标给予了很高的评价,但是专家、一线教师和企业家对这项指标并不认可。因此,笔者认为人们对于创新创业技能的需求是和年龄有一定关系的。但是随着新型产业、新型商业模式的出现,在不久的将来,"信息处理能力"会成为一个必选项。此外,"首创意识"也低于临界值。笔者从具体的数据中发现,除了企业家给出了比较低的分数以外,学生和专家、教师对这一指标是极其重视的。笔者认为,企业家之所以不重视这一指标,很大程度上是因为我国大多数中小企业的经营状况决定的。这些企业为了生存,经常是市场上什么卖得火,就制造什么产品,而相对高昂的首创成本是很多中小企业无力承担的,因此首创概念并没有得到大多数企业的认同。经过以上的数据分析和修改,笔者将"大学生创新创业能力构成"归为 28 个指标。其中,将第一个维度的名称改为"个体特质",合并了第五维度和第六维度中共有的"知识、技能"指标。修改后的大学生创新创业能力构成要素见表5-2。

表 5-2　基于调查问卷和隶属度的大学生创新创业能力要素和指标

维度	具体要素
个性特质	创造性人格
	风险意识和风险承受能力
	抗挫折、抗压能力
	毅力
	态度
	应变能力
	执行能力
	自律能力
机会开发能力	预见和发现商机能力
	识别和评估商机能力
	把握和利用商机能力
管理经营能力	创业构想能力
	领导激励能力
	目标设定能力
	组合资源能力
	规划经营策略能力
	适应环境能力
	沟通协调能力
	维护利益共同体的责任感
专业知识应用能力	知识转化能力
	知识应用能力
	学习能力
创新能力	创造力
	创造性应用能力
	产品研发能力
团队合作与管理能力	组建团队能力
	合作能力
	鼓励和影响团队能力

三、解析大学生创新创业能力构成要素的特点

（一）隶属度值比较高的构成要素

在对隶属度进行分析的过程中，笔者注意到每个能力维度中都有一些构成要素的隶属度值非常高，说明不同的调查对象都认可这些要素。在笔者看来，这些高认可度的要素是创新创业能力中比较重要的组成部分，对培养学生的创新创业能力有很大的帮助，因此进行了提取分析。在个体特质维度中，"执行能力""抗挫折、抗压能力""风险意识和风险承受能力"是隶属度最高的三项，得分分别为：98.6%、98.8%、97.4%。企业家对这几项的认可度比较集中，专家、教师和学生的认可度也很明确，可见大部分的受访群体都能够预见创新创业过程中的艰难。笔者从调查问卷中发现，大部分的企业家对"冒险精神""冒险倾向"这些项目是不认可的。在他们看来，创新创业和冒险不是一个概念，人们应该规避风险，要有防范风险的意识和能力。他们的观点和彼得·德鲁克的创新创业行为和创业企业家的观点是一样的。彼得·德鲁克认为，企业家精神与人格特性无关。彼得·德鲁克称那些具有企业家精神的创新者是保守的创新者。这是由于成功的创新者和企业家，他们中没有一个人具有冒险倾向，企业家精神应该是风险最低，而非风险最高的方式。[①] 经过本次调查活动，笔者认为我们应该对培养学生创新创业的传统观念——培养冒险精神加以修改，转为培养他们的创新创业意识和精神，提高风险防范意识和能力。调查对"抗挫折、抗压能力"有着很高的认可度，特别是企业家和专家、教师都在访谈中提到大学生创新创业者抗压力能力不强、逆商不足现象比较普遍，由此看出大学生目前缺少"抗挫折、抗压能力"，因此高校在培养学生创新创业能力的时候要对这一项有所侧重。在个体特质维度中，隶属度最高的要素是"执行能力"，它表明创新创业活动具有实践性，可见行动力对创新创业行为而言有多么重要。在对专家、教师进行问卷调查的过程中，他们也特别提到了行动力、执行力给创新创业活动带来的效率和效益。他们认为"执行能力"是创新创业能力中个体特质维度的一个重要因素，应该通过内驱动力和外因激励等方法来提升学生的创新创业行动能力。

在机会开发维度中有三项的隶属度都在95%以上，分别是"预见和发现商机能力""识别和评估商机能力""把握和利用商机能力"，从中我们能够看

---

① 德鲁克. 创业精神与创新［M］. 张炜，译. 上海：上海人民出版社，2003：81-83.

出被调查者十分重视机会开发维度。

在管理经营维度中，"领导激励能力"以96.1%、"规划经营策略能力"以95.2%、"沟通协调能力"以92.1%分别位列隶属度前三名，说明创新创业活动有着商业运作的特性，需要运用管理、经营技能，因此在大学生创新创业能力培养的过程中，创新创业管理知识技能不可省略。在全校范围内的创新创业经营管理知识普及是必要的，而能够做到如美国常春藤学校对工程技术专业学生开设商业管理类课程，使专业知识应用与经营管理知识结合教授[①]，那么学生将具有更大的创新创业竞争优势。

在团队合作与管理维度中，"组建团队能力""合作能力""鼓励和影响团队能力"三项的隶属度都高于95%，说明被调查者对于团队功能在创新创业活动中的作用是非常认可的。

在专业知识应用维度中，"学习能力"的隶属度高达98.5%，这表明在不断发展变化的创新创业活动中学习能力的重要性。同时被调查对象对大学生创新创业寄予厚望，在他们看来，学习能力是一条以一定技术为基础的创新发展之路，因此特别重视自身的学习能力。

在创新维度中，隶属度最高的是"产品研发能力"，为94.2%，表明目前人们对创新创业活动有着比较直接和具体的认识与期待，希望创新能力能够在产品研发上得以直接体现，但是没有对研发能力背后的创造力、知识技术的创造性应用给予足够的重视，足见人们的创新意识和创新能力还有待加强。

（二）隶属度值处于临界值水平的构成要素

笔者在对数据进行隶属度分析的时候，发现第三维度"管理经营能力"中的"组合资源能力""维护利益共同体的责任感"，第五维度中的"专业知识应用能力"中的"知识转化能力"，第六维度"创新能力"中的"创造力"这四个指标的隶属度都处于临界值±0.005之间的范围内，四舍五入后达到临界值。笔者对这四个指标进行了分析，认为有必要保留它们。

"组合资源能力"指的是现代创业模式中对技术、人才、资金、场地、人脉等各方面与创业相关的资源的利用、整合的能力，对资源进行创造性的组合，能够产生不同的创业模式和不同的经营特色，充分有效地组合各方面资源也是新创企业起步阶段的关键步骤，这是现代企业应对资源稀缺问题的运营特

---

① 范惠明，邹晓东，吴伟. 常春藤盟校工程科技人才创业能力培养模式探究［J］. 高等工程教育研究，2012（1）：49-50.

点，也符合约瑟夫·熊彼特一直提倡的建立在创新基础上的创业观点。约瑟夫·熊彼特认为，所谓创新，是指对产品、生产方法等生产要素进行新的组合，正是这种实现生产要素新的组合，也就是在创新基础上的创业行为，促进了经济的发展。[①] 但是对于传统产业而言，很少从资源组合角度去考虑企业的生存和发展。因此，被调查的学生创业者都很认同"组合资源能力"。这是因为他们在创业的初期没有丰富的资源，所以他们对借用和组合资源的能力比较在意。企业家和专家、教师对"组合资源能力"的关注度就不如学生创业者，表明新的创业模式需要一个不断接受和熟悉的过程。

"维护利益共同体的责任感"得到学生受访者的一致认同，企业家受访者90%的认同度，而专家、教师受访者认可度相对较低。这同样说明了现代新创企业不同于原有传统企业的特点，大学生创新创业缺少各种资源，组合资源的过程形成各种模式的利益共同体，维护利益共同体的能力和意识对大学生创新创业来说常常会决定他们的成败，因此格外受到学生创业者的重视。在传统企业的成长过程中，随着现代企业的发展，新合作模式的不断出现，企业规模扩张等情况下，企业界人士会逐步有所认识和接纳。而专家、教师受访者较少接触一线企业运营，企业管理理论中这一观点提及不多，因此体会可能不够深刻。

"知识转化能力"调查结果处于临界值水平，具体分析发现这项指标依然是学生受访者重视程度很高，企业家和专家、教师受访者依次降低。这一结果客观反映了大学生创业者依靠专业知识、技术创业的倾向，企业家受访者对于该项的分值显示了充分的重视，但低于同一维度中的"知识应用能力"和"学习能力"，说明了企业界对专业知识首先是看重的，但谈及对专业知识的使用，企业更倾向于应用现有知识、技术，显然首创意识不足，研发信心不够。这也从一个角度说明了我国企业在科技成果转化、技术创新的尝试上还不够主动。

"创造力"调查结果在临界值水平，所有的受访者对这一指标的认识都达到临界值，也就是他们都认为比较重要（分别达到 92.43%、91.62%、91.22%），不过没有达到更高的分值，说明虽然大家认为创造力是大学生创新创业能力构成的重要因素，但是还没有达到更高的肯定。而实际上，就像我们提到的斯滕伯格的创造力投资理论说的那样，创造力是创造性工作的基础，对于创业行为，创造力对创造新商业模式、创新应用知识、开创型人格等各个方

---

① 熊彼特. 经济发展理论——对于利润、资本、信贷、利息和经济周期的考察 [M]. 何畏，易家祥，等译. 北京：商务印书馆，1991：73.

面都起到核心能力支撑作用。调查的结果显示出社会各界对创造力在创新创业能力形成中作用的认识还不深刻，这也反映在目前高校的创新创业教育中，侧重创新创业技能教育、创新创业成果的评价，对于教育教学过程中的创造力的培养还是不够的。

根据以上分析，笔者认为这四个达到临界值边缘的项目有一个共同的特点，即对于现有的创业成功企业的作用并不是很大，在现有的创业管理理论中可能关注不多，但是在目前大学生创新创业模式、创新创业领域或者创新创业方向上，这四个项目代表的能力是大学生创新创业者亟须的能力。这些能力在科技、专业知识导向型企业中是否至关重要，还需要进一步的验证。因此，笔者保留了这四项指标。

第二节　大学生创新创业能力构成的培养因素分析

一、基于文献和理论的大学生创新创业能力影响因素

笔者在查阅了大量的文献资料和与创新创业相关的理论之后，对大学生创新创业能力影响因素做了总结（见表5-3）。

表5-3　基于文献和理论的大学生创新创业能力影响因素

创业能力维度	具体构成要素	影响因素
个体特质知识技能维度	人格、心理素质、动机、形象	基因差异、家庭背景、地域环境
	知识结构、技能储备、创造性能力、实践性能力	学习能力、专业及创新创业知识技能学习情况、创造性实践性活动经历、创造力应用水平、创造性学力水平
机会开发能力维度	预见和发现商机、识别和评估商机、把握和利用商机	行业经验、创新创业经验、专用性职能经验、通用性职能经验、学习风格、发现问题能力、质疑能力、决策能力
管理运营能力维度	概念能力、组织能力、战略能力、关系能力、承诺能力	市场环境、政策环境、文化环境、创新创业经验、职能经验、管理知识技能、创新创业学习、创新创业社团活动

创业能力维度	具体构成要素	影响因素
专业知识应用能力维度	知识结构、知识实际转化能力、实践实验能力、利用专业知识解决实际问题的能力、知识创新应用能力、学习能力	学校教育：教学内容的设计和比例、教学模式和方法、实践教学环节的内容与方法、专业教育中对实践性能力的培养 社会活动：实习实践经历、产学研联盟组织、创新创业活动
创新能力维度	创造力、首创意识、开拓能力、创造性应用能力	学校教育：专业教育中对创造性学力的培养，对创造力发展的引导；创新创业教育中对创造性人格的培养，对开拓能力的训练 外部环境：创新创业活动平台、创新创业氛围、鼓励创新创业的政策环境、包容创新创业过程的社会环境
团队合作与管理能力维度	组建团队能力、合作能力、鼓励和影响团队能力	领导者品质、团队学习能力、组织结构、组织文化、关系能力、创新创业教育

我们从表5-3可以看出，在对大学生创新创业能力六个维度产生影响的要素中，有诸多项重叠，如创新创业教育、外部环境等要素对所有六个维度都产生影响；创新创业活动经验对"机会开发""管理运营""团队合作与管理"等维度都产生影响；而任何一个维度也都是受到多方面因素影响的。通过对上述影响因素的分析、总结，笔者将全部影响因素分为三个层面，即个体素质养成层面、高校创新创业教育层面、社会环境影响层面。

（一）个体素质养成层面

从个体层面看，个体先天特质和后天习得同样对创业能力产生影响。与生俱来的开拓性人格、智力构成特点、学习风格和能力、抗压冒险等心理素质、创新求变的意向和动机等都直接影响个体原有性创新创业能力水平，而对这些要素的适度引导和培养是可以提升创新创业能力水平的。此外，后天习得的知识和技能，比如获得的知识类别和结构、创造性能力和实践性能力的培养状况、赖以获得信息和知识的生活背景等都会影响个体创新创业能力水平的高低。

（二）高校创新创业教育层面

根据WICS模型中的成功智力理论，智力构成中的创造性智力和实践性智力影响着个体创造能力和实践能力，而根据创造力投资理论，创造性工作需要运用及平衡分析能力、创造性能力与实践能力。根据彼得·德鲁克的创业理论，创业能力就是管理创新的能力，是可以通过学习获得的。根据这一点，笔者认为创新创业能力的培养从学校创新创业教育层面需要有一个系统的培养模式。应该从设立明确的培养目标，到选择教学内容、教学方法，设计课程和教学方式，创新实践教学环节等进行整体性的改革和完善，使传统的专业教育和创新创业能力的培养结合起来。从培养学生群体创造性学力、促进多元智力乃至多元能力均衡发展的基点出发，在教学设计中体现创造力发展的规律，真正提升学生群体的创新创造力，使学生通过学校的有效教育途径得到多元智力基础、创造力和创业行动能力的逐步培养，逐步获得大学生创新创业能力的六个维度综合能力。

（三）社会环境影响层面

外部经济环境、政策环境、文化环境、社会氛围、人际关系网络以及个体所处的家庭环境、生活集体环境等都对个体的创新创业能力产生了重要的影响。从文献资料中也可以发现个体的家庭背景、所处地域对个体特质影响比较大，政策倾向、创新创业文化氛围对于创新创业意识也有着积极的影响，经济活跃度为创新创业活动搭建的平台更是直接增加了创新创业的机会和经验的积累。因此，社会层面的影响因素可以单独作为创新创业能力的一个影响层面，内容包括从微观的生活集体环境、人际关系网络到社会氛围和政府层面的政策、资金环境等对创新创业能力的影响。

二、大学生创新创业能力影响因素的调研

（一）基于访谈得到的大学生创新创业能力影响因素

笔者对所在地区 20 多所高校、10 多家企业的大学生创新创业者、专家、教师、企业家进行了一次问卷调查，将理论分析得到的影响因素指标（见表 5-3）和这次调查的结果做了对比，调整之后得出大学生创新创业能力培养影响因素表（见表 5-4）。

表 5-4　大学生创新创业能力培养影响因素表（基于文献和访谈，影响分层面的因素表）

影响层面	具体影响因素
个体素质层面	智力构成特点
	创造性学习水平
	心理素质
	开创的信念
	学习能力
	学习风格
	家庭背景
	创新创业实践经验
	企业实习或工作经验
	专用性职能经验
	通用性职能经验
	发现问题能力
	质疑能力
	决策能力
	创造力
	领导者品质
	知识结构
	实践能力
学校教育层面	教育目标导向
	创新创业教育体系、教学内容、课程设置、教学方法、考核导向
	对完全智力的激发和培养
	对创新能力的培养
	对专业知识应用能力的培养
	对创造性人格的培养
	鼓励创新创造行为的制度
	专业教育与创新创业教育的融合
	对实践能力的培养
	校企沟通合作机制

影响层面	具体影响因素
学校教育层面	对团队能力的培养
	创新创业活动的组织
	奖励和鼓励创新创业的机制
	创新创业服务能力
	创新创业指导教师的水平
	创业孵化器的运转
社会环境影响层面	政策环境
	市场环境
	文化环境
	保障环境
	地域环境
	资金环境
	经济环境
	组织结构
	组织观念
	信息环境
	技术环境
	行业环境
	团队创新能力

（二）问卷调查和隶属度分析后的大学生创新创业能力培养的影响因素

笔者将调整之后的调查问卷以网络问卷和纸质问卷的形式又发给了之前的90位被调查者，让他们用五级分标示出所有影响因素的重要程度。回收有效问卷86份，占全部问卷的95%，获得了更多的有关大学生创新创业能力影响因素的信息。笔者对所收集的数据进行了隶属度分析，并计算出这一次的大学生创业能力培养的影响因素的临界值是88.93%，因此隶属度低于临界值的指标将被剔除。笔者删除了14项指标，分别为"学习风格""家庭背景""创新创业实践经验""专业性职能经验""通用性职能经验""创新创业活动的组织"
"奖励和鼓励创新创业的机制""创新创业服务能力""保障制度""地域环境"
"资金环境""组织环境""组织观念""技术环境",其余 33 项指标予以保留。
基于问卷调查和隶属度筛选的大学生创新创业能力影响因素见表5-5。

表5-5　大学生创新创业能力影响因素（基于调查问卷和隶属度分析）

影响层面	具体影响因素
个体素质层面	智力构成特点
	创造性学习水平
	心理素质
	开创的信念
	学习能力
	企业实习或工作经验
	发现问题能力
	质疑能力
	决策能力
	创造力
	领导者品质
	知识结构
	实践能力
学校教育层面	教育目标导向
	创新创业教育体系、教学内容、课程设置、教学方法、考核导向
	对完全智力的激发和培养
	对创新能力的培养
	对专业知识应用能力的培养
	对创造性人格的培养
	鼓励创新创造行为的制度
	专业教育与创新创业教育的融合
	对实践能力的培养
	校企沟通合作机制
	对团队能力的培养
	创新创业指导教师的水平
	创业孵化器的运转

影响层面	具体影响因素
社会环境影响层面	政策环境
	市场环境
	文化环境
	经济环境
	信息环境
	行业环境
	团队创新能力

三、大学生创新创业能力培养因素分析

根据上述结果我们能够清晰地发现，个体素质层面对创新创业能力形成的影响属于心理学、行为学等研究范畴，社会环境层面对创新创业能力形成的影响属于社会学研究范畴，而高校创新创业教育层面的影响作用主要为教育管理研究领域的研究内容。作为对大学生创新创业能力培养问题的研究，应主要由高校创新创业教育的培养功能来实现。进一步地，个体素质层面因素和社会环境层面因素是始终存在、影响广泛的两个影响层面。无论我们是否针对大学生进行创新创业能力培养，个体素质和社会环境都是客观存在的，或者促进或者阻碍创新创业能力的形成和发展，并且不仅仅针对大学生群体，而是普遍、广泛地作用于环境内的社会成员，影响着某一社会内部的全体成员的创新创业能力水平和倾向。笔者对大学生创新创业能力的研究仅针对创新创业型宏观经济转型发展背景下，对高等教育人才培养提出不同于以往的新要求这一特定的新问题进行探讨。对于国家创新驱动发展战略提出的创新创业型人才培养目标，个体层面和社会层面的影响因素是原本存在并继续发挥影响作用，以及如何改善以发挥更大作用的问题，而高校创新创业教育层面的影响因素则是新生事物，是在传统的高等教育中不存在的培养理念，面对新的社会经济发展需求，需要高等教育主动改革适应需求的问题。根据高校实际情况，创业教育从1999 年引入探索，2002 年 9 所高校试点，2010 年全国高校全面推进，对大学生创业能力的培养有启蒙和触动，但还没有形成巨大的推动力来为创新创业型经济提供智力支持和发展动力。如何通过高校创新创业教育层面的影响因素控制和改善培养过程，是解决大学生创新创业能力提升问题的直接和有效的办法。

四、大学生创新创业能力培养策略

(一) 激发学生主体创新创业主观能动性

发挥学生主体的主观能动性是对"内环境"的优化。在三元交互决定论中，个体、环境、行为三者互相独立又彼此依存。大学生主体、大学生创新创业行为、创新创业环境三者之间也是这样的关系，可以将三者置于三元决定论的框架下讨论。辩证地看，我们的目的是提升大学生的创新创业能力，让更多的学生能够具备能力去开展创新创业活动，在实现此行为的过程中，个体、环境都发挥着非常重要的作用。从学生主体的角度来看，内驱力是最重要的，因为内驱力体现个人的成就动机和价值追求。培养环境优化的第一步是充分激发学生的创新创业内驱力，激发他们创新创业的兴趣，引导他们正确进行自我价值判断。在对大学生创新创业能力的培养中，要充分激发学生主体的内生动力，引导广大学生顺应时代潮流，把自我的价值追求同社会的发展需求、国家的建设需要、人类的未来走向结合起来，通过社会学习、观察，以提升自我，充分发挥学生主体的主观能动性。

(二) 建设协同发展的外部能量系统

环境是大学生创新创业能力培养中的重要部分，也可以将其视为大学生创新创业能力培养的外部能源系统。在这个能源系统中，国家、社会、高校、企业都必须提供能源支持。国家是能源系统的统筹枢纽中心，是总控制中心。国家要在这个系统中发挥能源调配的作用，目前这种调配控制运行良好。社会是人才培养的大环境，普适性的文化引领、价值引领、经济引领都需要社会重点完成。高校对大学生创新创业能力的培养起到至关重要的作用，是主体能量来源。高校要探索符合我国国情、符合学生成长规律的培养模式，将理念与教育实践相结合，融入各专业培养之中，融入人才培养全过程，在实践体验中培养学生；高校要打造一支"能打胜仗、作风优良"的师资团队，良好的师资力量是教育的重要组成部分；高校要营造创新创业的校园文化氛围，潜移默化地培养学生的创新创业能力，这样的能源转换才能达到较高程度。企业是大学生创新创业能力培养的二级能量来源，企业应该辅助高校完成能量升级，成为广大学生创新创业活动开展的试验田，成为创新创业能力培养的第二阵地，企业要主动承担起社会责任，与高校在产学研合作中培养学生。只有各能量来源都各司其职，协同发展，才能打造优质的创新创业能力培养环境，才能培养优秀的创新创业人才。

（三）实现大学生创新创业生态循环

创新创业教育培养环境的优化，最重要的一点是要构建创新创业教育生态系统，要将国家政策推动与高校自发、企业自觉相结合，实现循环共生。在这个生态系统中，国家、社会、高校、企业、学生主体等多方力量都必须发挥作用，才能形成合力驱动发展，才能形成动力循环。各主体要明晰利益的相互依存性，只有每个主体实现其各自的利益诉求，才能实现全部主体的利益诉求，一荣俱荣，一损俱损。互利共生、和谐共存才是价值追求。各主体也要充分发挥自我调节作用，实现自我维持、自我修复、自我更新，只有这样才能在生态系统中发挥更大价值。同时我们也必须明确，这一生态系统必须是可持续发展的，各主体要注意能量资源的配比，不应操之过急，以免急功近利造成能量枯竭，要眼光长远，放眼世界和全球未来，只有这样才能在循环共生的环境下构建新时代创新创业教育的宏伟蓝图，才能源源不断培养出更高质量的创新创业人才。另外，高校要为学生搭建高质量的创新创业实践平台。企业孵化器、创新创业实践基地等实践平台能更好地提高教育效果，提升人才培养质量。实践平台的建设也应该顺应时代，比如建设"互联网＋"实践平台，既可以让学生实现虚拟创业，又可以降低人力、物力的投入，还可以降低风险。高校可以在单一的实体实践平台基础上，结合多种实践平台优势，使用新媒体手段，联合企业，打造综合性的特色实践平台。

第六章 基于三螺旋理论的大学生创新创业研究

第一节 三螺旋理论的相关阐述

一、什么是三螺旋理论

20世纪50年代初，生物学领域出现了三螺旋这一概念。美国遗传学家里查德·列万廷（Richard Lewontin）是第一个用三螺旋这一模式来表达基因、组织、环境三者的关系的。里查德·列万廷在其编著的《三螺旋：基因、生物体和环境》一书中提出了他的生物哲学思想。里查德·列万廷认为，没有什么空间是既定的等待生物体去适应的。环境如果离开了生物体将不复存在，生物体不仅要适应环境，而且反作用于生存环境，表现为对环境的选择、创造和改变，这种能力写入了基因。①基因、生物体和环境三者是辩证统一的，像三条螺旋缠绕在一起，同时互为因果。20世纪90年代中期，纽约州立大学的社会学家亨利·埃茨科威兹（Henry Etzkowitz）和阿姆斯特丹科技学院的罗伊特·雷德斯多夫（Loet Leydesdorff）教授在三螺旋概念基础上提出了著名的官、产、学三螺旋理论，来分析在知识经济时代政府、产业和高校之间的新型关系，即政府、企业、高校是知识经济时代社会内部创新制度环境的三个要素，在市场经济条件下它们之间形成了三种力量交叉影响的螺旋关系。这种理论被学界认为开创了一个创新研究的新领域、新范式。三螺旋理论不刻意强调谁是主体，而是强调政府、产业和大学的合作关系，强调这些群体的共同利益是给它们所处在其中的社会创造价值，政府、产业、大学三方都可以成为动态

---

① 张海滨，陈笃彬. 基于三螺旋理论的高校支撑区域创新体系评价研究 [J]. 东南学术，2012
(1)：181−189.

体系中的领导者、组织者、参与者，每个机构在运行过程中除保持自身的特有作用以外，还能够部分地起到其他机构的作用，三者相互作用、互惠互利，彼此重叠。三螺旋理论的核心在于，随着知识经济的出现，在区域内的科研院所与大学成为主要知识资产，具有了更高的价值。在成熟的创新区域内，科研院所与大学通过基层组织和个人较好地融入了市场，在区域内发挥了辐射作用。

二、三螺旋理论的模式演变

三螺旋理论的模式演变基本上能够划分成三个阶段：①政府、企业、高校之间的钳制模式；②政府、企业、高校之间的放任模式；③政府、企业、高校之间的三重螺旋模式。

（一）政府、企业、高校之间的钳制模式

该模式是三螺旋理论发展的里程碑。政府参与企业和高校的发展，并且作为主导力量，对产业界和学术界进行控制，这种传统的中央集权式模式的三螺旋曾经出现于苏联、欧洲、拉丁美洲，这是一种自上而下的管理模式。这种钳制模式的三螺旋代表的是政府的强权，而企业和高校只是组成部分，当这些机构需要被组织时，政府会发挥其强有力的协调作用，同时，也会控制企业和高校的发展（见图6-1）。

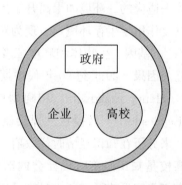

图6-1 政府、企业、高校之间的钳制模式

（二）政府、企业、高校之间的放任模式

在该模式下，政府、企业、高校三者之间是独立的，并且有明确的界限和职能分工，这也限制了三者之间的互动关系。有限的互动使得政府、企业、高校会在边界问题上产生强烈的争论，当争论产生时，这三者如果需要互动，便

需要通过非营利性组织参与的方式来进行互动。例如，企业需要高校技术支持的时候，便会邀请一家称为研究公司的非营利性组织参与，该组织将高校的研究专利授权给企业，该组织作为高校和企业之间的中介来参与互动。可以说，在某种程度上，政府、企业、高校这三者之间是陌生的、不亲近的[①]（见图6－2）。

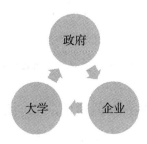

图6－2　政府、企业、高校之间的放任模式

（三）政府、企业、高校之间的三重螺旋模式

随着社会的发展、交叉领域的更迭，三螺旋之间也产生了一种新的关系，也就是一个能够覆盖三边的、互动增强的网络关系。这三个螺旋，即政府、企业、高校三者，不仅关注自身领域的职能，同时也积极配合其他领域的发展，使得三者之间的互动性加强。这种创新的三螺旋模型也广泛应用于各个国家，是一种更成功的三螺旋模式。其目的是创造一个创新的环境，使三者能够共同促进国家的政治、经济和文化发展。在这种三重螺旋的模式下，也孕育了一些新兴组织的产生，如大学生科技园、企业孵化器、风险投资公司等[②]（见图6－3）。

---

①　埃茨科维兹. 三螺旋创新模式：亨利·埃茨科维兹文选［M］. 陈劲，译. 北京：清华大学出版社，2016：274.

②　埃茨科维兹. 三螺旋创新模式：亨利·埃茨科维兹文选［M］. 陈劲，译. 北京：清华大学出版社，2016：272.

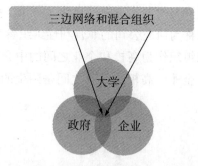

图6-3 政府、企业、高校之间的三重螺旋模式

三、三螺旋理论和大学生创新创业之间的关系

通常情况下，三螺旋理论是指政府、企业、高校之间形成一种彼此扶持的互动关系，这三大组成部分相互作用、彼此重叠，形成交叉，在交叉区域内需要政府、企业、高校三者一起发力来推动其发展。大学生创新创业正好处在三者交叉的区域内，大学生创新创业首先需要政府在政策、金融财税上的支持，加大对社会的引导，发挥政府的引力作用，为大学生营造一种宽松的创新创业环境和浓厚的创新创业文化氛围；企业需要积极发挥助力作用，为大学生创新创业提供实践的平台、技术互通的平台、信息交流的平台等。与此同时，企业要为大学生提供风险投资；高校需要发挥支力作用，为大学生开展创新创业提供制度支持，同时着力培养大学生的创新创业意识、创新创业能力等。另外，大学生通过开展创新创业活动也能够促进高校不同学科之间的互动和发展，能够积极带动不同领域之间的互动和技术的革新，这也会促进企业进行创新，高校和企业之间的良性互动也会带动社会经济水平的提高和社会创新创业文化氛围的形成，从而有助于打造创新型区域或者创新型国家。

四、三螺旋理论在创新成果转化机制研究中的应用

（一）运用三螺旋理论研究推进创新成果转化的可行性

运用三螺旋理论解释创新成果转化机制的主体，也就是政府、企业、高校的协同，是因为这三者之间存在着螺旋式互动关系，它们之间的这种互动关系决定了创新成果转化的效果。在创新成果转化的过程中，高校是新知识、新技术的来源，是科技成果的供给方，为政府和企业的行为选择提供了理论上的指导和依据；企业是对创新成果实现转化进行生产的场所，是创新成果的需求

方，是政府和高校行动的动力源泉；政府是契约关系的来源，对高校和企业的行为起引导作用，在宏观调控、政策导向等方面为创新成果的转化提供保障。三个主体相互依存、相互支撑，发挥各自的作用，从而推动创新成果从科学研究领域转向生产领域，实现整个成果转化系统的良性循环和稳定发展。因此，用三螺旋理论研究高校学生创新成果转化机制是可行的。

（二）基于三螺旋理论的创新成果转化系统的要素

根据市场经济规律可以将高校学生创新成果转化系统的构成要素界定为创新成果的供给方、创新成果本身、创新成果需求方和制度环境。作为创新成果转化的主体之一，创新成果的供给方主要指的是在创新成果从潜在生产力向现实转化的过程中，具有从事创新活动开发和研究能力的高校。具体而言，就是那些具有创新能力、积极参与创新活动，通过研究、实践等获得一定创造性、发明型研究成果的学生。学生的创新活动和创新效果、创新成果的获得、创新成果的质量和水平等都受到其所在高校的教学水平、科研水平、科研条件、教师的科研能力、学校的支持力度等因素的影响。创新成果本身，也就是学生的创新成果。创新成果需求方主要是企业，指的是采用创新成果的生产企业。它们将成果运用到实际生产中，是创新成果经济和社会效益的最终获益者和实现者。在创新成果转化的过程中，各构成要素互相作用、互相影响、互相促进、互相制约，实现了创新成果的转化。在这个过程中，受到市场经济机制的调节。为避免出现市场失灵的现象，必须要发挥制度环境的作用。制度环境指的是政府通过宏观调控，利用经济、法律等杠杆，营造有利于成果转化的良好环境。在转化的过程中，我们还要注意中介服务机构和金融机构等的影响。尽管它们不直接转化创新成果，但是它们是成果转化的支持单位。尤其是中介服务机构，是联系科技和生产的中介部门，是连接供给方和需求方的重要桥梁。

第二节　基于三螺旋理论的世界知名大学科技园

一、大学主导型——以美国斯坦福科技园为例

1951 年美国斯坦福大学的弗雷德里克·特曼（Frederik Terman）教授倡导并兴建了世界上第一个由高校创办的高新技术科技园区——斯坦福科技园，

用于创办企业和科研开发。园区成立以后，斯坦福大学相继出台了一系列推进措施。例如，斯坦福大学在 1953 年成立了大学荣誉合作研究项目，主要为在园区工作的员工提供高等继续教育培训，鼓励本校教师和毕业生在园区内创业。1970 年斯坦福大学又成立了技术授权办公室，专门负责管理斯坦福大学的知识产权资产，比如统一为学校内的各项科研成果申请专利并把这些专利授权给企业界，或者支持学校教职员工和学生成立创业公司，实现科学技术商业化，等等。另外，斯坦福大学还在硅谷成立了很多个研究中心，作为官、产、学合作的实践基地，例如成立于 1981 年的由斯坦福大学、美国联邦政府和硅谷的 20 家企业合作建成的斯坦福集成系统中心。在政府政策的支持下，斯坦福集成系统中心配以充足的经费和国际一流的研究设备与仪器，校企人员共同合作，致力于高科技项目的研发和成果转化，共同创造先进技术。园区还在 1987 年建立了公司审批制度和支付租金制度，对科研、开发和轻工业、制造业优先批准并允许长久存在，这促成园区聚集了近万家高科技公司，比如 Apple、Adobe、HP、Google。斯坦福科技园还为创业者提供了高风险高利润的机遇，为他们的创业提供技术、信息、资金的支持等。目前，斯坦福科技园已经发展成为一条绵延 150 公里的高科技产业带，是世界上最大的科技创新中心和高新技术企业的摇篮。斯坦福大学为硅谷的产生发展提供了技术来源和智力支撑，同时又借着硅谷的优势培养出适合企业需要的人才，在促进科技不断创新、成果不断转化的同时，也彻底改变了斯坦福大学的格局，取得了更广泛的社会影响力。

美国斯坦福科技园最成功的经验是，由斯坦福大学兴建并主导，政府推动，企业群支持的"官、产、学"交互协同创新，形成了极具特点的硅谷模式。

（一）大学和研究机构是协同创新的主导者

斯坦福大学和研究机构鼓励有发明专利的师生自主创业，并吸纳电子、计算机、微信息处理等高技术产业入驻，集中优势资源重点发展相关领域的知识生产、传播和应用，把科学研究、技术开发与人才培养、企业运营联合起来，积极引领官、产、学合作，使各参与主体的优势和能力在创新中得到充分发挥。例如，斯坦福大学主要支持电子工程、计算机科学、化学和物理学等学科建设和发展，不仅培养了大量的世界顶级人才，还为园区电子信息产业发展提供了源源不断的技术发明成果和高科技人才，使斯坦福科技园成为世界最高水平的电子信息产业研发和制造中心。另外，斯坦福大学一直为园区公司的技术和管理人才进行继续教育。斯坦福大学拥有全世界最完善的远程教育网络，将几乎所有的课程都通过有线电视向园区企业实时转播，使企业的员工随时随地进行学习和改进。[①]

（二）产业是协同创新的支持者

一方面，园区内的企业、公司多为技术密集型和跨国型企业，需要自主创新的核心技术和先进的管理模式，如果依赖公司内部研发，创新不仅成本高，而且风险大。因此，它们自愿积极参与官、产、学合作，充当技术购买者的角色。正是企业对合作的需求为斯坦福科研成果转化为生产力提供了巨大的市场。另一方面，园区内的企业还为斯坦福大学提供了研究经费和实践基地。如HP、Cisco、Sun、Google 等都是斯坦福大学的稳定赞助商，HP 曾在 2001 年向斯坦福大学捐赠了 4 亿美元，这是世界上迄今为止给予教育机构最大的一笔捐赠；园区的企业还欢迎斯坦福大学的教授带领学生到公司任职并参于公司的科研项目，这不仅提高了学校师生对科研开发的兴趣，也为学校带来了许多前沿又具有重要应用价值的研究课题，增强了学校在国家乃至世界的实力。

（三）政府是协同创新的推动者

1980 年，美国联邦政府通过了《拜杜法案》，在政策和法律上给予校企合作以保障。《拜杜法案》允许美国高校把研究成果的专利权以独家许可或者非独家许可的形式授予企业，美国政府还出台了相应的政策措施对校企合作中的各个环节，特别是知识产权的保护进行了规范，更好地保护合作的积极性。

二、产业（企业）推动型——以英国剑桥科学园为例

在英国，最有名的就是 1975 年建成的第一所大学科技园——剑桥科学园，它是剑桥大学圣三一学院在离剑桥市中心 3 公里的城市西北角规划出 24 英亩土地建立的科学园，用来为大学科研成果转化为商业价值。经过 40 多年的建设和发展，现在形成了以剑桥大学为圆心、20 公里半径范围内的区域，创造了著名的"剑桥现象"，也就是园区内 3500 多家主要从事生物技术、信息技术、咨询和服务支持产业的高新技术企业，累计创造 37 万多个就业机会，增加的总经济附加值达到 122 亿英镑，形成了欧洲最具影响力的创新集群。剑桥

---

① 董美玲. "斯坦福-硅谷"高校企业协同发展模式研究［J］. 科技管理研究，2011（18）：64—68.

科学园最大的特点是，从 1992 年开始，因为大学在知识积聚、发明专利、科研人才方面优势显著，政府在政策、资金、制度上提供支持，部分实力强大的私人企业开始投资大学科学园的建设和运营，更加专业化地管理大学科学园；与此同时，企业集群现象带动剑桥大学从传统的人文领域转向科技领域发展。例如，剑桥大学专门建立了剑桥企业有限公司，和美国斯坦福大学的技术授权办公室的功能一样，负责剑桥大学内部的科技成果转化，帮助发明人申请专利、寻找技术购买者、技术成果商业化运作等，剑桥企业有限公司还会为有创业想法的师生提供咨询、指导、资金、场所等资源支持。

剑桥科学园最初是由剑桥大学创建并拥有的，后来得到政府的参与支持，现在私人企业以及产业集群在科学园发展中发挥着主导作用。

（一）企业是协同创新的主推者

根据市场信息和需求变化，3500 多家从事高新技术和信息服务的产业集群带动科学园和园区企业，按照市场经济规律运作，不受政府、社会的干预，从事科技成果的商业化。此外，受到英国政府的鼓励，科学园由私人企业、大学、政府联合创办。剑桥科学园在经营管理上，甚至允许私人企业加入，由职业经理人担当，这使得缺乏市场信息捕捉能力和企业经营运作能力的大学教授和学生们能够专注于研究工作本身和发明创造。

（二）大学成为协同创新的力量源泉

在科学园"创新和创业"文化的影响下，剑桥大学一群具有开拓精神的科学家不断投入科技商业化实践中，使得剑桥大学的理念发生了变革，从过去培养神职人员和政治官员的人文教育向追求高科技创新的研究型大学转变，积极参与官、产、学合作。甚至为激励科技成果和科研人员投入产业界，剑桥大学还出台了一系列的具体政策，如宽松的教师兼职条件和知识产权的宽容政策以支持教师参与创业，实行短期聘用制，为不愿离开剑桥而又需等待再聘机会的教师提供进入企业界的可能。剑桥大学还制定了一系列有利于技术成果向园区转移的政策，而且十分重视技术发明人的经济回报。学校明确规定知识产权归教师所有，这项措施效果显著地激励了教师和学生积极转化科技成果、参与创办企业。

（三）政府是园区发展的拥护者

英国政府为推动科学园建设，先后制定了一些鼓励政策，给予资金支持，扶持高科技类型的中小企业发展。因此，很多中小型高新技术企业都加入英国科学园协会的大学科学园。

三、政府引导型——以日本筑波科学城为例

素有日本"硅谷"之称的筑波市，因为被日本政府发展成大学科学城而闻名于世。日本筑波科学城位于日本茨城县南部，离东京东北约 50 公里。从 1963 年政府决定兴建到 1980 年建成筑波科学城，历时 17 年。此后，经过 30 余年的发展，筑波科学城已集中了 31 个国家级科研机构和 2 所大学，还有 260 多所私人研究所和 2 万多名研究人员，代表了日本最尖端的科学研发水平。其研究领域包括教育、建筑、物理科学、生物、农业、环境、安全等，并在多个领域取得了创造性的突破，培养出了 4 位诺贝尔奖获得者。在过去的几十年里，日本近 40% 的公共研究设施和发展资金都投在了筑波。目前，筑波已经成为日本最大的科学中心和知识中心，是世界上主要为政府和企业建立合作的重要研究基地，尤其是在防震系统、公路研究、高能物理学等领域的科技成果显著。筑波科学城是典型的"政府主导型"科技园区，其形成和发展完全靠政府行政指令。例如，从最初的规划、审批、选址到科研等整个过程和运行完全由政府决策，连科研机构和科研人员也都由政府从东京迁来，各种设施都需经行政审批配备，私人研究机构和企业也由政府计划控制。一切都按计划办事、一切都由政府包办，形成极具代表性的筑波模式。

（一）政府是园区协同创新的建设者、主导者

（1）政府为园区的建设及与三方合作给予法律、政策、经济上的保障。

政府为筑波科学城专门制定了高新技术产业园区法律，如《筑波研究学园城市建设法》。通过立法手段对房地产租赁、设备折旧、税收、信贷、外资引进等给予多种优惠政策和措施；日本政府还修改了《产业技术强化法》来促进创新，并为科技园的建设提供贷款担保，为入驻的企业提供搬迁费和 R&D 经费补贴等；1987 年 12 月政府还通过了《研究交流促进法》，允许私人企业使用国家院所的设施，允许国家院所和私人企业之间进行人才交流及专利共享等。这一系列措施大大促进了日本大学科技园的发展。

（2）在科技园区的发展过程中，政府的资金投入占主导地位。

30 多年时间里，筑波科学城累计获得了政府高达 2.5 兆日元的投资。全国国立科研机构大约 40% 的科研人员和每年 40% 的科研经费预算都集中在这里。

（3）东京的相应主管部门对园区内的各类研究机构和教育设施以及其他产业和公司进行垂直领导和指挥。

（二）大学和企业在协同创新中联动作用较弱

由于政府主导，创新的主体是国有及企业所属的研究机构。国有研究机构享有充裕的政府财政拨款，所研发的科技成果由政府支配。而企业所属的研究机构也因研究成果直接为企业所用，几乎不需要通过市场完成成果转化，因而缺乏明显的创业导向，导致各主体间尚未形成或者形成的协同创新机制不够顺畅。

综上所述，不论是哪种类型的大学科技园，它们在"官、产、学"协同创新过程中既有共同之处，如履行自身的传统职能，也有明显的差异性。日本筑波科学城在政府的主导下，有雄厚的资源和制度保障，能够在短时期内见成效。但是政府的过度干预会使三方主体缺乏相应的协同创新动力机制，容易导致自给自足的闭塞循环。美国斯坦福大学首创的大学（科研）—产业—政府三位一体的硅谷发展模式形成了浑然一体的高新技术产业园区协同创新网络。高校和研究机构、企业及中介服务机构、政府各司其职，在市场机制的作用下共同提高科研成果的转化率，经济效益显著，创业和研发氛围十分浓烈。但是高校和企业易发生利益摩擦，出现职能不清、利益分配不均等问题。英国剑桥科学园是在企业群的主导下，通过市场竞争使科研成果定向，是以技术创新和成果转化、创造产出能力为主要目标的。但是，它们容易发生同行业的恶性竞争，风险成本较高。

第三节 政府、企业、高校如何助力大学生创新创业

一、政府充分发挥引导作用

（一）加强相关政策的执行力度

创新创业不仅能够为国家经济发展提供持续动力，还能够促进产、学、研的结合，并且能够提高大学生的自主就业率。因此，政府相关部门应该加以重视，并且给予一定的宏观指导，同时在政策宣传、政策制定、政策反馈上应该

加大执行力度，为大学生创新创业实践提供扎实、稳定的保障和支持。首先，政府要加强创新创业政策的宣传力度，增设宣传渠道，使创新创业的相关普惠信息和内容深入社会、高校，让企业、高校教师、学生家长等真正认识到创新创业带来的机遇，让学生深入了解创新创业的优惠政策和权利，减少创新创业实践开展的阻力。其次，政府要针对大学生创新创业实践制定具有针对性、具体性、可控性的政策内容。目前的政策多为宏观层面的内容，缺乏详细的且具有指导性的政策内容，要促进大学生创新创业实践的热情，就要为大学生创新创业提供技术和知识产权方面的法律支持，并且优化创新创业资金扶持政策。最后，政府要加强监管，各级行政部门要落实创新创业相关政策的落地情况，并且加强监督与检查。与此同时，各部门也要积极开展调研，了解大学生创新创业实践过程中遇到的问题，及时进行问题的归类和总结，并对相应政策展开及时的调整和补充，为大学生开展创新创业实践提供一个良好的政策环境。

（二）加大创新创业资金支持力度

大学生开展创新创业实践遇到的主要问题之一就是资金，解决资金问题能够有效地提高大学生创新创业实践的主动性。因此，政府要加大对创新创业的资金支持力度。首先，政府可以专门设定针对大学生开展创新创业实践的金融政策，扩大受惠人群，使在校及毕业的大学生能够同时享受政府的信贷资助。其次，政府对高校创新创业工作的开展应该加大补贴力度，尽可能地提供经费支持，并建立各高校专项创新创业基金，做到专款专用，以此方便在校大学生申请资金开展创新创业活动。最后，政府应该优化大学生创新创业基金的申请标准和申请流程。目前，基金申请的门槛比较高，导致刚开始创新创业的大学生无法申请。对此，政府可以将基金的申请划分为不同的阶段：初始创新创业阶段、中期创新创业阶段、后期创新创业阶段。根据创新创业者的开展状况确立不同的资助标准，这样不会出现申请标准一刀切的现象，也有利于政府部门对不同阶段的企业进行统一的资格审查和管理，也能够为大学生开展创新创业实践提供不同程度的资金支持。

二、企业积极加强助力作用

（一）增强企业服务意识

企业能够为大学生开展创新创业实践提供有效的指导和基地支持。因此，企业在大学生创新创业过程中也起着举足轻重的作用。企业如果想更好地为大学生提供服务，就要优化自身的服务水平、增强服务意识。首先，企业要为大学生构建一个创新创业服务软平台，也就是以互联网为依托，将创新创业的资源、创新创业的导向、产业园的入驻流程等内容以模块的形式详细地呈现在企业的官网上，方便大学生进行信息查询。其次，企业要加强和市场的沟通，将市场的需求以文字的形式呈现在官网上，为想要开展创新创业实践的大学生提供创新创业的方向。再次，企业官网要设立人工服务平台，方便大学生在网络上进行咨询，及时解决大学生的困惑，并且开展具有针对性的指导工作；最后，企业要建立起完善的创新创业协会、创新创业论坛、创新创业对接平台等服务机构，并且定时开展培训、讲座等公益活动，促进大学生和企业家或者有创新创业经历的人进行良性互动，增强大学生创新创业的热情。

（二）完善企业融资体系

企业融资能够为创新创业项目注入活力，也能够及时地反映市场的多元需求。完善企业的融资体系能够更好地为大学生开展创新创业实践提供动力，也有助于为投资方带来可观的利润。首先，企业要积极制定优惠政策，以分配高利润或者占股比例高等条件吸引各类基金及中小型企业的投资，开展创新创业实践的大学生和投资方签订合同，并设立专员对资金流向进行监管，确保资金运作规范。与此同时，资助方数量的增多也能够有效地减轻申请者的竞争压力。其次，明晰各类基金或者风投的资金扶持程序，将相关信息发布在企业的官网上，并对申请者的申请动态进行实时发布，确保信息透明化。最后，对于企业引入的基金或者风投，企业可以将其划分为不同的类别，以此对应各申请者的创新创业类别，这样也有助于开展创新创业的大学生得到行业内部的指导和帮助，更有利于提高其创新创业的成功率。

三、高校主动增强支力作用

（一）加强创新创业制度支持

高校支持力度的大小是大学生能否良好开展创新创业实践的重要影响因素。笔者对所在地区的20多所高校展开的调研发现，高校支持力度不足也是阻碍大学生创新创业实践的原因之一。因此，高校要加强对创新创业的制度支持。首先，高校要明确创新创业的定位，在政府宏观政策的指导下，并且根据各高校自身特色确立其制度制定的方向和内容，并对制度内容进行调研，确定制度细节，保证高校制度的合理化和可操作化。其次，高校要对其制定的内容进行大力宣传，比如创新创业学分制度、创新创业扶持制度等。此外，宣传方式要多样化，比如组织各院系开展创新创业制度宣传主题活动、各班开展主题班会等，让大学生在交流中了解高校对大学生创新创业的支持力度，增强其创新创业的热情。再次，各院系也要确立创新创业支持制度，并且和高校制定的内容形成对应，各院系要结合自身专业的特色，确立支持形式和内容，有效地促进专业和创新创业的有机结合。最后，制度上要鼓励教师和学生共同开展创新创业实践活动，并对创新创业实践的结果进行评比和奖励。这不仅有利于提高大学生创新创业实践的动力和成功率，也有助于促进他们的专业知识和创新创业实践的融合。

（二）加强创新创业课程建设

创新创业课程主要是培养学生的创新创业意识和创新创业能力。目前，我国高校普遍将创新创业课程分为必修课和选修课两大类，授课内容偏理论轻实践，授课形式固化，这导致大学生易出现旷课或者不认真听讲的现象。基于此，高校应该明确创新创业课程的目标，并且提高创新创业课程的质量，以此来激发学生参与课堂的热情。首先，高校应该结合自身的特色，明确自身的教学定位，明晰教学目标，各院系也要结合专业特色开展教学工作，这是提高创新创业课程质量的基础。其次，高校要拒绝填鸭式的教学，创新创业本就是生动的，所以需要增设体验式的教学内容，让学生切实感受创新创业机会识别、人力资源管理等内容，让理论和实践能够有机结合。再次，高校应该积极组织创新创业相关教师开展集体备课活动，通过备课加强教师之间的交流，使教师了解不同阶段学生的课堂反应，这也有利于教师有针对性地准备课程内容，使教学效果和教学质量有所提高。最后，高校要统一创新创业课程的相关教材，并且合理安排课程内容，对大一至大四或者大五的学生展开分阶段的教学。比如，大一主要进行创新创业理论学习，让学生对创新创业产生基础性的概念；大二主要培养创新创业意识，提高其积极性；大三主要进行创新创业能力的培养，让大学生有能力开展创新创业活动；大四针对创新创业实践开展专项培训。这种分阶段的课程有助于满足不同年级的需要，课程数量简而精，且无重复内容，也不会让学生乏味，同时能够逐步引导学生，提高创新创业实践的积极性。

（三）充实创新创业师资队伍

只有配备数量充足的教师，才能保证高校创新创业教育的稳步发展。[①] 但无论是根据教育部规定的师生比1∶18，还是专任就业指导教师和相应工作人员和应届毕业生的比例不低于1∶500的师生比规定，创新创业教育中的师生比都是不均衡的。教师在创新创业中起着举足轻重的作用，因此高校应该组建一支数量充足、结构多样、理论扎实的创新创业教育教师团队。首先，在教师招聘上不仅要严格，还要灵活。对于专任教师的招聘，不仅要求其学历水平符合要求，还要对其跨学科研究能力、创新创业经历等进行考察。对于创新创业相关的公共学科教师，比如经济学、管理学教师，可适当降低标准，积极引进高校毕业的博士或者博士后参与教学，丰富教师队伍，增强队伍活力；对于校外兼职教师，可以采取内推制或者面试考核制，确保兼职教师在创新创业教育方面的能力和素养。其次，要组建以多学科为基础的师资队伍。由于创新创业教育融合了多学科的内容，因此有必要整合来自不同学科的教师，并促进其交流，可在此基础上创建就业创业学院，将创新创业教师的培训、考核、补贴等规范化，增强教师参与的积极性。再次，高校要积极引进校外优秀的企业家作为兼职教师进入课堂开展授课，而不是单纯地开展讲座或者进行创新创业指导。美国百森商学院对于创新创业授课教师的规定是：在课堂上，每位教师必须带领一位有志于创新创业教育的企业家共同来到课堂上。因此，我国高校也可以借鉴国外这种专兼职教师共同授课的模式，校内专任教师负责讲授理论构架，校外兼职教师负责实践知识，不仅保证理论和实践能够有机地结合起来，也能够更好地促进专业和创新创业的有机融合。最后，高校应积极扩大对职业发展教育专业研究生的招生数量，为创新创业教师队伍做好储备工作。

（四）组建结构完善的校内组织

高校创新创业校内组织是创新创业生态系统中重要的组成部分，也承担着部分高校创新创业生态系统的运作工作，因此要高度重视高校校内组织的建设。首先，高校要完善创新创业服务组织，在就业创业服务中心的基础上进行深化和改革。例如，建设创新创业服务云平台，为大学生提供线上线下的双向服务。高校还可以设置导师库并以创新创业教育教师的专长进行分类，设立不

同的模块，如企业运营、技术指导、金融财税政策、企业园入驻等，每个模块下设至少十位教师，确保及时解决学生的问题，满足各类学生的需求。其次，高校要积极开展创新创业相关活动，丰富活动内容，提高大学生参与创新创业活动的积极性。对于活动的内容和形式，可以在高校创新创业服务平台上进行征集，并列举活动内容供学生选择。再次，高校社团联合会要积极鼓励大学生组建创新创业相关社团，或者将目前具有创新创业意愿的社团进行挑选并合并，产生新的社团组织。社团也有助于不同年级、不同专业学生进行思想碰撞，由此产生开展创新创业实践的意愿。最后，创新创业社团要积极筹备活动，丰富活动内容，比如社团可以和企业孵化园联合，根据专业领域共同举办专场活动，也可以组织参与创新创业大赛的学生或者团队开展座谈会等，为大学生提供经验交流的平台。

（五）营造浓厚的创新创业文化氛围

创新创业文化氛围是一种隐形的助推剂，同时又能够有效地推动大学生开展创新创业实践活动。因此，高校要大力推动创新创业文化建设，使创新创业这股风潮席卷整个高校。首先，高校要加强对创新创业的宣传力度，让创新创业的理念深入人心，促使其产生自我价值认同感，激发大学生开展创新创业实践的热情。其次，高校要合理利用校园媒介，如校广播站、校电视台、校报等，将高校创新创业先进个人的事迹进行报道，通过榜样的力量引领高校大学生开展创新创业实践。最后，要为大学生提供一个创新创业交流的平台，比如创新创业论坛、创新创业交流会等，为大学生创新创业实践提供各种资讯和经验，为大学生开展创新创业实践提供机会等，以此激发大学生开展创新创业实践的积极性和主动性。

第四节　基于三螺旋理论和融媒体的大学生创新创业平台的构建

一、大学生创新创业平台服务理念

"融 e 创"大学生创新创业平台是在融媒体环境下，通过互联网技术将政府、高校、产业三方资源进行整合形成螺旋合力构建的大学生创新创业第三方综合服务平台，为大学生创新创业实践提供一站式服务。平台在"大众创业、万众创新"的浪潮之下，立足互联网技术，积极发挥融媒体的优势，满足大学生创新创业资源共享的需求，为大学生创新创业提供系统化的政策咨询、融资服务和优质的跟踪指导。"融 e 创"平台以"深度融合、服务提升、开放共享"为服务理念。

（一）深度融合

"融 e 创"平台就是要整合新老媒体的优势，建立一种相辅相成、融会贯通、协同共进的新型媒体关系。因此，平台的宣传主要从广播、电视、新媒体三种宣传渠道齐头并进，实现各类型媒体对同一内容播放形式的"百花齐放"。利用融媒体，通过展现图片、播放视频，实现跨屏交流，多元化传播创新创业动态，创新传播形式，整合创新创业相关政策和市场信息，避免信息碎片化、分散化导致信息失真、滞后的问题，提高用户的参与感，最终使信息无障碍地流动，促进大学生专业、规范地开展创新创业项目，更好地激发大学生进行创新创业活动的积极性与创造力。

（二）服务提升

"融 e 创"平台是为了解决大学生在创新创业的过程中遇到的融资难、运营难、专业培训缺乏、产业需求不清楚、政策获取不全面等问题，帮助大学生在创新创业项目和产业发展之间搭建桥梁，帮助高校培养大学生的创新创业能力，通过实现对各类教育资源（包括课程资源、项目作品资源、师资资源、专家资源、产业资源、知识资源和政策资源等）的整合和共享，为学生提供在线学习服务，从而帮助大学生更好地理解所学知识并从平台中接收具有时效性的产业需求信息，提升大学生创新创业知识成果向社会生产力转化的效率，提高大学生创业成功率。与此同时，通过各类知识库的建立，学生可以通过平台享受到系统化和个性化的服务，带动更多公众自发到平台上进行学习，使平台的优质内容得以最广泛的传播，也使平台服务的价值和影响力得以全面提升，全方位实现平台资源利用效率的最大化。

（三）开放共享

"融 e 创"平台利用互联网技术线上为大学生创新创业活动提供服务，融媒体的最大魅力是各类型媒体对同一内容播放形式的"百花齐放"。在目前这个信息碎片化时代里，人们越来越喜欢选择便捷而有效的途径获取信息。在

"融 e 创"平台的建设中,可以通过聚合电视、网络、报纸等公共媒体以及微信公众号、微博、移动客户端等自媒体将大学生创新创业的信息传播出去。融媒体的环境下"融 e 创"平台体现了一种开放、共享、互联的科学创新实践精神,以其开放包容的姿态吸引着大学生创新创业人才,为他们提供汇聚平台。

二、大学生创新创业平台构建的方案

(一)"融 e 创"平台主要模块

"融 e 创"平台融合高校、产业、政府三方资源为大学生创新创业实践提供一站式服务。平台功能由信息传递、资源共享、项目实践、中介交易和互动交流五个模块构成(见图 6-4)。

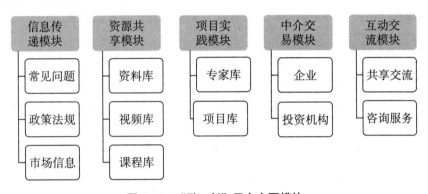

图 6-4 "融 e 创"平台主要模块

1. 信息传递模块

信息传递是平台的基本功能之一,设置这个模块是为了用户登录平台后可以通过关键词和检索窗口实现资源的快速访问,方便快捷地实现信息传递的高效性和交互性,提高平台的吸引力。直观的信息导航使用户可以在第一时间清晰地了解平台的内容分布。同时,建立政府创新创业发展战略、行动计划、高校关于大学生创新创业工作和产业对大学生创新创业实践需求的数据库,设立智能化问题解答专栏,对大学生在创新创业实践过程中常见的问题、政策法规、制度安排、支持策略进行在线解读和互动,切实发挥平台对大学生创新创业意向的指导作用。及时的信息传递使大学生对创新创业目标、资源有清晰的把握,进一步明确方向,在创新创业实践中占据主动权。

2. 资源共享模块

资源共享是平台的核心要旨。平台通过融媒体集成各种创新创业资源，为大学生量身定制立体式、全方位、个性化的创新创业指导服务。平台嵌入多种服务模式，通过融合创新创业在线课程、创新创业专家讲座、创客辅导和创业资料等资源，借助易班等阅读工具，实现资源的交互式共享。平台根据大学生的个体需求提供定制服务，同时，利用 App 和移动互联网、云计算等新型信息技术为大学生提供网络学习服务和个性化服务，并利用大数据挖掘和分析学生的个性化学习需求，为学生提供有针对性的推送服务，让学生在学习的过程中更好地理解创新创业的内涵。[①] 平台围绕课程体系，利用融媒体技术，整合线上线下资源，构建多层次、多样化的实践教学平台。平台面向全体大学生，使创新创业贯穿于学生的整个学习过程，具有覆盖面广和信息量大的特点。

3. 项目实践模块

项目实践模块由三个部分组成：一是大学生创新创业项目的创意采集。创意采集由用户自主生成，主要根据大学生个人的学科专业特点，在充分保留用户提交创意的基础上，结合产业需求，进行专业化的团队论证和项目包装，帮助孵化大学生创新创业计划和项目，通过多种形式的宣传，吸引师生进行专利的反向路演，为高校科研成果产业化开辟一条集思广益的道路。二是大学生创新创业项目成果展示。选取高质量的创新创业实践计划书、成功创业典型案例、各大创新创业竞赛优秀作品和产业化的创新创业项目等在平台上展示，供其他用户学习借鉴，开辟答疑解惑和经验交流窗口，以点带面，衍生出更多创新创业成果。三是大学生创新创业项目的成果转化和延伸指导。从高校、产业、政府遴选创新创业经验丰富的专家组成专家团队和指导教师团队，通过专家团队和指导教师团队在对大学生创新创业项目跟踪培训的基础上实现项目的转化或者培育新的项目创设点。

4. 中介交易模块

中介交易模块是平台的创新之处，主要为大学生的创新创业项目和产业需求之间提供沟通交流平台，起到"桥梁"和"纽带"的作用。有发展潜力的大

---

① 金丽娜. 论融媒体媒介环境下传媒专业人才培养［J］. 东北师大学报（哲学社会科学版），2018（2）：178－182.

学生创新创业项目在中介交易模块将更有可能被发掘，大学生将自己的创业项目投放在平台的项目界面上供产业投资家浏览，若项目被看中，产业投资者希望对该项目投资，平台作为第三方服务机构帮助大学生和产业对接直至投资完成。中介交易模块的设立避免了大学生优秀的创新创业项目找不到合适的投资方，有利于提高大学生创新创业项目成果转化成功率，同时也为投资家提供了物色投资项目的方便快捷路径，能够大大减少投资家寻求投资项目的时间、人力等成本。

5. 互动交流模块

互动交流模块的处理关键是从政府、产业、高校三方遴选经验丰富的创新创业指导教师建立大学生创新创业导师团队，在平台中开辟创新创业导师服务专栏，在创新创业实践中体现专家和导师团队的指导权重，通过创新创业导师团队的专业咨询和服务介入，实现大学生创新创业和相关领域专家团队的实时交互，借助专家团队的专业思考定位和信息服务规避创新创业的误区，实现创新创业活动的针对性和主动性。与此同时，在互动交流中加入虚拟社区的元素，通过论坛、发帖等形式，由用户自主生成创新创业故事和经历，实现创新创业知识和经验的交流共享。

总而言之，大学生创新创业者通过充分利用"融e创"平台的各项功能，能够享受到从创新创业意识培养到创新创业成果转化的一体化服务；通过访问"融e创"平台能够针对自己感兴趣的领域，了解目前创新创业的内容、形式、途径、政策、产业需求等信息和知识。平台通过建立各种类型的知识库，有效地构建了大学生创新创业教育的资源体系，实现了理论学习和实践经验的集成，大学生可以通过平台体验到系统化、知识化和个性化的服务。

（二）"融e创"平台总体架构

"融e创"平台的架构设计采用互联网"云计算"的相关技术实现对大学生创新创业信息服务环节的综合集成。平台架构由IAAS（网络基础设施层）、PAAS（平台层）、SAAS（服务应用层）三个部分构成。

1. IAAS网络基础设施层

IAAS网络基础设施层是"融e创"服务平台运作载体（见图6-5），用户通过互联网可以从计算机基础设施获得高校、产业、政府三方综合的创新创业服务并在IAAS网络基础设施层运行软件（包括操作系统和应用程序）。此外，用户不用管理或者控制任何云计算基础设施，但通过网络基础设施层能控制操作系统的选择、储存空间和相关应用。IAAS 基础设施层分布了应用服务器、数据库服务器和接口服务器。通过 IAAS 网络基础设施层，用户可以快速访问到需要的创新创业服务，挖掘到有效的创新创业资源，并能够最大限度地节约平台搭建和运营的成本。

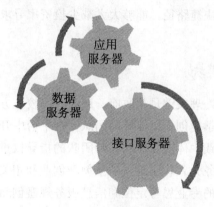

图 6−5　IAAS 网络基础设施层示意图

2．PAAS 平台层

PAAS 平台层由数据中心、大数据管理平台和服务总线三个部分组成（见图 6−6）。数据中心可实现对"融 e 创"服务平台的数据分布式存储。中心数据库汇总高校、产业、政府三方的优势资源（主要有课程资源、视频资源、项目资源库、专家库、统计分析库、共享资源库、政策和市场库信息），并加以整合处理，服务用户。大数据管理平台基于"云"基础架构层、大数据基础架构层、应用开发基础架构层实现数据资源的快速调度。基于 SOA 面向服务架构，平台服务总线为用户提供了统一的基本信息、业务信息、管理信息等服务接口。

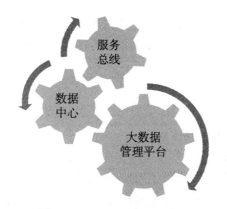

图6-6 PAAS平台层示意图

3. SAAS服务应用层

SAAS服务应用层（见图6-7）是搭建"融e创"平台开展各项服务的窗口，为用户提供大量应用。通过"融e创"平台的网站、App、微信公众平台、客户端等工具，实现"双创"信息发布、线上课程学习、创新创业项目介绍、用户管理（注册、充值、交易等）、互动交流、中介交易等模块功能。与此同时，SAAS服务应用层着重加强高校、产业、政府三方的联系和互动，实现平台同高校、产业、政府三方资源平台系统的对接，打造一体化的大学生创新创业服务平台，为大学生提供全方位的、时效性的信息服务。

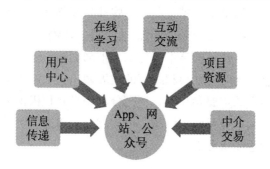

图6-7 SAAS服务应用层示意图

（三）"融e创"平台服务目标

在融媒体环境下，"融e创"利用互联网技术不仅可以满足大部分学生学习资源共享的需求，帮助创新创业者开拓创新思维，推动创新创业项目的运行，还有利于促进学生进行创新创业实践，从而缓解大学生就业压力。"融e

创"将融媒体和大学生创新创业工作深度融合,为高校创新创业人才培养、政府创新创业政策精准传递和产业创新创业人才需求提供解决方案。

1."融 e 创"平台致力于大学生创新创业梦想的实现

大学生是"融 e 创"平台的主要参与者和实际受益者,平台旨在激发大学生进行创新创业实践的主观能动性,培养大学生团队合作、交流互动、创新实践和自主创业等方面的能力,提升大学生的主人翁意识。[①] 首先,平台通过 IAAS 网络基础设施层为大学生提供政府政策信息、产业需求信息等;其次,平台通过 PAAS 平台层为大学生提供高校、产业、政府三方的优势资源等;最后,平台通过 SAAS 服务应用层为大学生提供在线学习、项目介绍等。以上三条路径共同发力,提升大学生从事创新创业活动的技能和水平,解决大学生创业经验缺乏、社会资源占用少的短板,其中最重要的是解决大学生创新创业融资难、资金短缺问题,帮助大学生实现创新创业梦想。

2."融 e 创"平台致力于完善高校的人才培养体系

基于高校对大学生创新创业人才系统培训不足这一现实,"融 e 创"平台组建由政府、产业、高校三方广泛参与的青年创业导师团队,为高校在创新创业人才培养方面提供一对一的针对性指导服务,为学生提供相应的培训,线上推送创新创业课程、融资项目、产业优化等相关内容。平台利用融媒体推送网络资源、数据资源、图书馆文献资源等,弥补高校创新创业人才培养资源缺乏的现状,为大学生创新创业素质提升提供便利。在创新创业人才培养体系方面,平台促进高校将其传统的学术角色融入推动创新创业的新角色中,使高校在做好教育和研究的同时为社会和经济的发展做出更大的贡献。高校作为创新创业人才教育和培训的重要参与者,要充分利用平台积极推进落实政府的相关政策、条例,主动和产业及政府沟通,以"融合、渗透、引导"的方式,共同塑造大学生创新创业品质和能力。

3."融 e 创"平台致力于培养产业需要的青年人才

目前的就业市场普遍存在企业招不到适合产业发展需要的青年人才,而大学生又很难找到自己心仪的企业这一现象。为了解决这一难题,平台帮助大学生立足校园、走向产业进行创新创业实践活动,深化大学生和产业的密切接

---

① 郭兆云. 融媒体时代高校教师媒介素养要求及实践 [J]. 中国高校科技, 2016 (10): 15—17.

触、无缝对接，帮助大学生进行产业发展所需求的创新创业实践活动，在实践过程中锻炼为产业服务的能力。在这样的氛围下所取得的创新创业实践成果更容易转化为产业生产力，更加能够密切大学生和产业的联系，推动产业科技创新、内部组织和结构的完善，从而提高产业经济发展，促进高校人才培养和产业人才需求的衔接。此外，平台通过建设青年创业项目展示和资源对接平台，培养大学生的职业素养，提升大学生的市场竞争力，使他们多样化就业和自主创业成为可能，从而解决大学生的就业难题。

4. "融 e 创"平台致力于政府政策的精准传递

平台深入贯彻国家"大众创业、万众创新"的政策理念，借助国家的政策支持，为政府相关政策的精准传递和落实提供条件，为创新创业者提供必要的协调，集成相关政策资源，弥补大学生获取政策资源困难的不足。平台通过融媒体的方式在大学生、产业、金融机构中广泛宣传相关政策，能够有效地促进大学生创新创业金融服务落地、优化银行贷款等间接融资方式、发展创业担保贷款。大学生通过政策的准确把握，能够充分了解到在政府主导下正在形成鼓励创新、宽容失败的体制机制和社会环境，从而使大学生从主观上大胆进行创新创业活动，开拓创新思维，从根本上营造大学生"乐于创业、敢于创业、能够创业"的良好校园创新创业文化氛围。

综上所述，"融 e 创"平台不仅通过线上推送创新创业课程、政策资源、融资项目、产业优化等相关内容的培训，还提供一个方便大学生将知识成果转化为社会生产力的中介平台，为社会注入新鲜血液，推动技术革新、产业优化。从长远来看，其有利于解决我国大学生就业难的问题，实现社会综合平衡发展。

第七章　基于项目管理方法的大学生创新创业能力研究

第一节　基本概念及理论基础

一、什么是项目管理

简单来说，项目管理指的是对项目进行管理。美国项目管理协会是这样定义项目管理的：项目管理是将知识、技能、工具和技术应用于项目之中，对项目各组成要素和资源进行全方面的规划、组织、监测和控制，以达到项目目标。[①] 一般情况下，科学共同体将项目管理定义为：通过综合应用相关的理论知识、方法和技能对项目达到既定目标进行科学系统的一种管理。[②] 从现代项目管理的角度来看，项目管理有着很多相同的特征：普遍性、目的性、复杂性、生命周期、沟通协调。在有效的资源限制下以及规定的时间内，与项目管理有关的领导、组织、参与项目的人员，运用系统的观点、方法、理论，计划、协调、执行、控制和评价与项目有关的环节和工作过程，从而实现项目的预期目标。

二、项目管理的知识领域

美国项目管理协会在项目管理学科和专业发展进程中最早提出项目管理的知识体系这一概念。管理学有很多分支，而项目管理则属于应用最为广泛的那一个分支。项目管理领域与很多领域都有交集。为了让大家能够了解项目管理

---

① 姚卫浩. 以项目管理视角探寻高校大型活动策划组织方法 [J]. 中国高等教育，2010（18）：57−58.

② 刘其龙. 资源协同视域下大学生创新创业能力发展机制探究 [J]. 教育与职业，2018（16）：57−59.

的十大知识领域和它的主要内容，笔者做了一个表格（见表7-1）。

表7-1 项目管理的十大领域和主要内容

知识领域	主要内容
项目整体管理	制定规章制度、制订项目管理计划、指导与管理项目工作、监控项目工作、变更控制
项目范围管理	范围定义、项目范围管理、范围控制、范围确认
项目时间管理	规划项目进度、制订进度计划、进度控制
项目成本管理	项目成本管理、成本预算、成本控制
项目质量管理	质量控制、质量规划、质量保证
项目人力资源管理	人力资源规划、项目团队组建、项目团队管理
项目沟通管理	规划沟通、管理沟通、控制沟通
项目风险管理	项目风险管理、风险管理规划、风险控制
项目采购管理	规划采购管理、实施采购、控制采购、结束采购
项目关系人管理	识别关系人、规划关系人、管理关系人参与

三、项目管理的过程

任何项目都是由一系列项目阶段所构成的一个完整的过程，而各个阶段又是一系列具体活动所构成的具体工作过程。[1] 项目管理的每个过程都是相互影响、相互作用的，上一个阶段的完成是下一个阶段的依据。项目管理过程由启动阶段、计划阶段、执行阶段、控制阶段、收尾阶段组成（见图7-1）。[2]

---

[1] 郑利军. 项目管理方法在高校行政管理人员绩效考核中的应用 [D]. 南京：南京理工大学，2011：13-15.

[2] 吴卫红. 项目管理 [M]. 北京：机械工业出版社，2016：23-25.

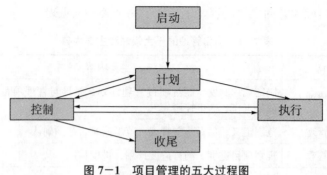

图 7-1   项目管理的五大过程图

（一）启动阶段

收集相关信息，制订一个合理的目标。初期，人们根据收集的信息对项目进行可行性调查分析，组织相关项目成员并整理相关资源，以便为项目开展提供保障。

（二）计划阶段

为项目的顺利进行制订一套可行的工作计划方案。项目负责人需要根据项目的实际情况成立不同的团队和设定不同的项目目标。针对项目人员的工作内容、时间进度和资源分配等方面进行统筹，以更优的方式达到项目的目标。

（三）执行阶段

项目负责人将计划付诸行动的一个过程。过程中需要负责人进行良好的沟通和协调，使得工作在预期的轨道上进行，如果出现偏离，需要及时修正。在执行的过程中，我们可以根据项目不同的特点，运用不同的管理方法来促进项目的进行。

（四）控制阶段

每个项目都有各自的特点，在执行的过程中会遇到不同的问题，控制阶段的主要任务是让项目负责人在各个部门之间做好沟通协调的工作，在遇到突发问题的情况下规避不必要的风险，提出项目的可执行措施，进而解决问题，使得项目沿着更好的方向进行。

（五）收尾阶段

项目实际完成情况需要和整个计划的目标进行对比分析，通过参考绩效考核机制对团队成员的工作内容进行合理的评价。为了促使下一次项目能更好地开展，我们需要完善评价和反馈机制，不断积累宝贵经验。

项目在实施过程中需要项目管理的五个过程在各个阶段不断地循环发生。管理过程中的五个过程都有各自的侧重点，运用的项目管理方法也是不同的，有时为了项目的顺利完成人们还需要进行动态管理。

四、流程再造理论

哈默（Hammer）和钱皮（Champ）在 1993 年共同编写了一本名为《企业再造》的书。在随后的几十年里，流程再造理论得到了广泛的应用。[①] 许多企业在应用了流程再造法之后，组织绩效得到了重大改善。流程再造是一种以消除工作流程中不增值或者无效的工作过程和步骤为目标，以最佳的资源分配和最经济的方式优化工作流程，以达到最佳满意度的工作流程。流程再造是一次系统性的变革，作为一种组织变革模式，主要由流程再造、组织结构再造、运行机制再造、信息化建设再造这四个部分组成。[②]

五、基于项目管理方法培养学生创新创业能力的可行性研究

对于高校来说，培养学生的创新创业能力是一项长期的、艰巨的、周期性的教学任务。项目管理理论的应用领域非常广泛，高校在培养学生创新创业能力的过程中有着很高的参考价值和应用价值。应用项目管理理论对大学生创新创业能力的培养具有积极的作用，有利于培养他们的抗风险能力，增加他们承担风险的责任心和胆识，能够让他们更好地对创新创业工作面临的难题提出应对预案，提高项目的成功率。一个项目能否顺利进行、能否高效完成，需要项目人员进行沟通管理，需要对项目成本进行管理；一个项目能否按时完成、能否按计划完成，需要学生掌握时间管理的相关知识。这些项目管理的领域知识对学生思维意识的引导起到了非常重要的作用，它能让学生在项目管理的过程中不断总结经验。运用项目管理建设创新创业课程体系，可以更系统、更高效、更具有目的性地推进创新创业能力培养模式改革。项目管理方法可以让创新创业的能力培养任务目标更明确。在项目对人员进行分配的过程中，可运用任务分解法将责任落实到每个人的身上，这样每位成员围绕项目的最终目标，按照分配任务目标执行，使得项目能够更加顺畅地进行。借鉴管理学中的流程

---

① 王章豹. 基于 TQM 的高校教学质量管理模式 [M]. 杭州：浙江大学出版社，2012：62−65.
② 桑强. 以流程再造为中心的组织变革模式 [J]. 管理科学，2004（2）：7−11.

改造、项目管理和过程管理，可将理论知识应用到大学生创新创业能力培养的实践中去。

第二节　项目管理方法对大学生创新创业能力培养的应用

一、全过程管理创新创业能力培养项目

项目管理理论和管理方法在各个领域都得到了广泛的应用，它对高校的创新创业能力培养具有重要的参考和应用价值。课程是教学质量得以体现的物质载体，我们需要通过构建完善的创新创业课程体系以促进对大学生创新创业能力的培养。笔者调研了所在地区20余所各级各类高校开设的创新创业指导课程，发现虽然在教学内容和课程体系知识方面划分得比较细致，但是却缺乏综合性和实践性，课程结构不合理。这一现状使得学生的知识面比较窄，动手能力和实践创新能力也比较弱。我们可以通过项目管理的方法推进教学内容和课程体系的革新，强化学生创新创业能力培养的效果，根据课程体系的构建目标要求，对其进行项目化的管理。

（一）项目的启动阶段

创新创业教育的发展受我国的国情和经济环境的影响，同时创新创业课程体系的构建也影响着创新创业发展的方向。构建完善的课程体系是实现教育目标的重要手段，我们需要从人才培养的目标定位要求出发，构建兼顾专业知识和创新创业能力的课程体系。项目小组需要通过收集相关的人才培养信息，根据最新的人才培养模式制定创新创业课程体系目标。项目小组选派教研室负责跟踪实施，成立的创新创业课程体系筹备小组负责明确创新创业课程体系、构建项目的具体任务、对项目的工作内容进行分解。筹备组成员的工作职责及内容详见表7-2。

表7-2　创新创业课程体系项目筹备组成员的工作职责及内容

序号	筹备小组主要成员	工作职责及内容
1	主管教学副院长	组长，对创新创业开发工作进行宏观指导
2	教务处处长	负责相关课程的构建和审核把关，协调各项工作的制定和评价考核
3	各院（系）主任	副组长，推进各项创新创业课程体系构建的工作，对该项工作进行管理
4	专业的骨干教师	执行、落实创新创业课程体系建设的工作
5	专家	对创新创业课程体系提供专业意见
6	人事处处长	协助创新创业课程体系师资队伍的建设工作
7	图书馆馆长	协助创新创业课程体系书籍、期刊的购买工作

筹备小组启动调研，首先对高校内部的创新创业体系进行摸底，了解目前用人单位对大学生专业技能、创新思维培养的要求，并且要到其他高校进行调研，了解不同类型的高校在人才培养模式和专业建设上的特色，重点关注高校的创新创业课程体系特色，制定一个符合本校专业特色的创新创业课程体系。在完成调研工作后，由调研小组汇总，整理调研信息，制定一份翔实的高校创新创业课程体系调研报告，并向校领导汇报。汇报的内容由五个部分组成：

（1）本校创新创业课程体系和人才培养模式的总体情况。

（2）企业和社会需要的创新创业人才所具有的专业能力、素质，企业对高校专业设置和课程教学改革的建议。

（3）创新创业课程体系建设的现状，主要是其他高校的课程体系建设经验和存在的问题。

（4）结合本校的实际情况，做出可行性判断。

（5）调查数据和相关材料汇总。

筹备小组的调研工作得到校领导的认可后，随即在此基本上将项目推进到下一个阶段。

（二）项目的计划阶段

筹备小组结合本专业的人才培养和专业建设方案，根据自身人才培养模式的要求对创新创业课程体系进行构建。结合不同年级学生学习能力的实际情况，对创新创业课程体系构建加以修改，目的是增强大学生创新创业能力的培养效率。在此基础上，循序渐进地将创新创业教育全面融入专业课堂教学中，激发广大教师教书育人的积极性和创造性，推动教学和科研的良性互动，培养学生的创新创业意识和素养。高校创新创业课程体系建设由四个门类组成（见表 7-3）。

表 7-3　创新创业课程体系结构

序号	课程门类	参加人员	课程类别	涉及面
1	理论课程	全校学生	通识课程、专业必修课、学科基础公共课程	全校学生
2	实验课程	全校学生	课程实验、独立实验、开放型实验	全校学生
3	创新创业实践课程	创新创业团队	专业竞赛、科研创新项目训练	部分学生
4	创新创业孵化课程	创新创业实践园入驻团队	科技创新创业项目、企业外包项目实训课程	少部分学生

1. 课程建设计划

努力构建有利于夯实学生专业知识、提高实践能力、培养综合素质的课程体系。各院（系）主任和专业骨干教师必须认真考虑课程和学生所在专业的人才培养目标之间的关系。任何一门课程必须清楚本门学科和专业人才培养目标之间的关系，使本课程的教学设计路线紧密地围绕着有利于学生达到专业人才培养目标的路线进行设计。各院（系）主任需要处理好公共必修课和专业课、必修课和选修课之间的比例，根据本校人才培养方案框架个性化地制定符合本专业情况的创新创业人才培养方案，牢记公共必修课和专业课在人才培养方面各自的作用。培养创新创业人才关键在于构建学生扎实的知识基础，这样他们才有能力扩展出创新创业能力。高校应该严格按照课程要求的基本培养目标，结合自身的实际合理调整和规范专业核心课程和主干课程。与此同时，高校还要在课程标准规定的课程体系的基础上，结合自身办学的定位和社会经济发展的新要求，以必修、限选课、任选的方式开设应用型课程，优化实践教学体系，推进专业特色建设。面向全体学生开设"创新创业基础"作为公共必修课。开设创新思维训练、创新创业指导、创新创业案例分析等任选课供学生选修，不设先修课程。立足于专业教学，开展创新创业教育。在专业课程体系中，用必修或者选修的方式开设具有技术前瞻性、创业实践性、学科综合性的和创新创业教育相关的专业课程，使学生在新技术、新应用的学习过程中积累创新创业能力。

2. 完成时间计划

创新创业课程体系构建规划的时间是 4 年，可按学期分批设立创新创业教育课程改革或者培育项目，以保证课程体系建设的质量。

3. 师资培养计划

高校要结合自身的特点，合理制订师资队伍构建计划。

4. 校内实训基地建设计划

高校的校园面积资源有限，每寸土地都要利用好。实训基地的建设难于扩充，校内实训基地通常只能通过加强场地的使用率来提高它的实用性。

5. 专业图书购买计划

需要合理增加采购创新创业和专业相关的书籍的数量，征订数量上比往年有 5% 以上的增加。图书管理人员可以利用学校的系统，让专业教师登录图书馆的新书推荐购买系统，让教师推荐各种创新创业、专业相关书籍和刊物。负责人根据推荐，最后审核需要购买的图书册数。

6. 校外就业基地计划

每学年至少增加 2 家实习基地。

7. 经费投入计划

项目能否顺利地开展，一定的经费支持是必不可少的。高校需要设立专门项目资金。例如，设立关于创新创业教育课程项目的专项经费。调研差旅费、仪器设备及资料费、出版印刷费、其他费用都应该包括在内。

（三）项目的执行阶段

下面从教学建设、课题申报、以赛促教、师资队伍建设、实习基地、专业图书、校外就业基地、人才培养计划和课程建设等方面介绍项目的执行阶段。

1. 教学建设

将创新创业思想渗透于日常的教学中，在实际的教学中潜移默化地把创新创业的思维模式传授给学生，启发他们创新创业的意识。学生再通过实践平台课程进一步激发创新创业的动力。教师在课堂教学的设计中要更多地采用参与和互动的课程教学模式增加课堂的魅力。教学建设过程中，力求将创新创业教育和专业理论课堂教育结合起来，使学生在专业求学的过程中不断地学习创新创业相关知识，加强学生的综合素质能力和专业能力，培养他们的创新创业实践能力。

2. 课题申报

高校要鼓励教师参加精品课程资源的建设、教学改革的课题申报。

3. 以赛促教

教师通过组织学生参加各种校内外的竞赛、大学生创新创业项目，促进教学水平的提高。学校组织教师进行公开课、优秀课件比赛等，以促进教师教学基本功和制作课件能力的提高。

4. 师资队伍建设

高校要引进具有企事业工作经验、创业经验的人才。招聘专业相关经验人员作为教师，占年度新聘教师的20％。每一年都要选送教师到企业、行业接受培训、挂职。鼓励教师参加高学历的深造，培养本校特色教师人才。针对高层次人才引进难的问题，可通过聘请高层次人才对本校教师开展培训讲座，聘请企业人员兼职做创业导师。这类途径也是对师资队伍的一种有力补充。

5. 实习基地建设

带学生到企业参加实习，使学生毕业后可以和企业无缝对接，为今后的创新创业打下基础。

6. 专业图书购买

图书管理人员根据筹备小组的要求，每学期增订创新创业及专业书籍。根据教师的推荐对购买的图书进行审核，购买有利于创新创业和专业人才建设的书籍等。

7. 校外就业基地实行阶段

部门负责人通过每学期走访企业，在企业中寻找适合学生创新创业方面的专业实习基地，落实每学期两个实习基地的要求。

8. 人才培养计划实行阶段

各院（系）负责修订所辖专业的人才培养方案，各院（系）要成立由院长（系主任）牵头的领导小组，组织和协调修订工作。专业负责人是培养方案修订工作的直接责任人，专业负责人要组织骨干教师集体讨论、认真研究、统一认识。各专业人才培养方案的修改稿必须经过院（系）专业指导委员论证，然后提交校学术委员会审核。随后由教务处负责组织、协调、整理、汇编等工作。以下是笔者设计的培养方案参考性学分设置表（见表7-4）。

表7-4　培养方案参考性学分设置

类　别	课程组	学分
公共必修课（文科各专业为49学分，理工科为45学分）	思想政治理论课	16
	大学英语	14
	办公软件	理工科专业2学分，文科专业4学分
	大学体育、体能训练	6
	军事教育	2
	大学生身心健康教育	1
	信息技术应用（文科各专业开设）	2
	职业生涯规划	0.5
	综合素质提高	1
	就业指导	0.5
	创业基础	2
专业必修课	课程模块1 课程模块2 课程模块3 ……	文科30～34学分，理工科34～38学分
专业限选课		文科、理工科均为35～39学分
毕业环节（12学分）	毕业实习	4
	毕业论文（设计）	8

类 别	课程组	学分
任选课（文科、理工科均为26~34学分）	专业任选课	
	通识类任选课	
	创新创业类任选课	
合计		160

9. 课程建设实行阶段

专业课程教学内容增加创新思维的培养，多增加实践和课堂研讨活动。课堂教学中以引导学生思维三部曲的模式进行，即发现问题—分析问题—提出对策。

（四）项目的监控阶段

1. 进度监控阶段

为了防止创新创业课程体系建设缓慢不前，筹备委员组组长和教务处牵头对每个学期创新创业教育小组进行中期检查，以确保工作顺利发展，即时发现工作中的问题，寻找解决办法。

2. 费用监控阶段

根据创新创业课程体系建设过程，先对项目进行初步的费用预算，在实施过程中通过教务处审核、财务处把关等方式对各项资金进行监控，使得每项专项资金用到实处。课程建设经费支出范围见表7-5。

表 7-5　课程建设经费支出范围

序号	项目经费类别及报销比例	内容
1	国内调研差旅费（35%以内）	包括国内调研、参加必要的教学研究会议的会务费、交通费等
2	仪器和资料费（20%以内）	包括教学仪器、设备、材料、图书资料、教学软件等购置费
3	出版印刷费（30%以内）	包括教材建设和出版费、教学改革和研究及论文版面费等

序号	项目经费类别及报销比例	内容
4	其他费用（15%以内）	包括课程网站、课程录像、试题库等项目建设费用和专家咨询费等

3. 质量监控阶段

质量监控涵盖了创新创业课程体系建设项目的启动、计划、执行、监控、收尾阶段。建立分级评价指标体系，进而通过量化指标对各项工作的进展进行可控的跟踪。同时对各项工作进行评分，用教学质量评价办法以及教师听课评价表进行课程建设的跟踪评价。高校应该成立教学指导委员会和教学督导组对教学质量进行监控。督导组的专家大多数是高校离退休的教授。通过随堂听课，巡查实践教学过程中出现的问题，督导组的专家用他们的学识和丰富的教学经验指导教师的教学，并提出意见和建议。同时督导组的专家对教师的教研工作和学校的管理工作提出具有建设性的意见。高校应该建立并完善一套适合学校实际情况的评教制度，以提高全体教师的授课能力，改善课堂教学的效果，进而促进教师的职业发展。

（五）项目的收尾阶段

创新创业教育工作领导小组根据创新创业课程三个等级的划分，明确每个课程建设的评价指标。经过专家讨论得出指标划分的权重，再借助评价指标对课程体系、人才培养模式进行评分。学生对任课教师进行评价、教师教学自查和督导组对课程教学进行检查，从多角度对课程建设进行评价。依据创新创业教育工作领导小组的综合评价和反馈意见，为课程建设负责人指明改进的方向，以持续提升整个创新创业课程的质量。

二、大学生创新创业能力培养的保障——流程再造

（一）创新创业课程体系构建的再造

以项目管理理论作为创新创业教育的依托，通过高校塑造创新创业人才，运用项目管理的理论，完善创新创业课程体系的建设。把创新创业课程体系建设看作一个项目来管理，就要求对实施项目的每一个阶段的具体进度和该项目完成的最终期限进行确定，同时也要认真制订项目的进度计划，并且严格执行

项目进度。为学生构建合理的创新创业能力课程体系，高校必须对现有的课程体系进行再造，努力提供丰富的创新创业课程资源，例如在线课程、慕课。对课程设置进行优化和整合就需要根据不同的专业要求，制定针对性强的教学模块，以确定专业培养方向和创新创业相结合的若干主干课程体系和选修课程体系。通过毕业调研以及用人单位和学生的反馈信息，设计出既适应社会要求又满足学生需求的课程体系。同时将科研、学科竞赛、社会实践活动等纳入教学内容，设立相应的学分，以培养和提高学生的实践动手能力。同时需要编写出一批顺应时代发展的创新创业教材，将专业特色和创新创业进行融合。

（二）教学管理制度的再造

根据学生创新创业的特点，高校应该采用弹性学分制：允许学生根据自身的能力，根据学分制和弹性的学制完成适合自身的阶段性学习；允许优秀的学生可以提早完成学业进而提前毕业；也允许优秀的学生可以自由地选择专业，以激发他们自主学习的动力。[①] 教学管理制度再造后，教学管理制度需要适时更新，不断提高服务意识。

（三）师资队伍和创新创业管理队伍的再造

高校需要研究和制定相关的政策和措施，对师资队伍和创新创业管理队伍进行再造。高校要根据自身的实际需求灵活地制定教师招聘政策；邀请一批有着丰富实践经验的企业高学历人才充实到高校师资队伍中来；聘请校外优秀的导师对校内教师进行专业化培训，制订行之有效的教师培训计划；聘请优秀的企业人员作为兼职导师，补充到学校的师资队伍中来。在创新创业指导教育的过程中，高校应该积极鼓励教师参加社会各界的创新创业实践，对自身的创新创业知识、技能体系加以完善，鼓励他们进行自我学习或者以进修培训的方式提高知识水平、教学水平、创新创业水平、管理水平。鼓励教师到企事业单位进行挂职锻炼，让教师们积累实际的创新创业经验，不断提升师资队伍的专业素质。

（四）创新创业组织结构再造

对创新创业学院的组织机构进行再造，使传统的组织结构根据实际进行调整，使每个部门对应一个业务所涉及的流程。管理部门对应的每一项工作都需

---

① 谢金言，张伟杰. 创业中的项目管理综述 [J]. 民营科技，2017（8）：147.

要负全责，每一项工作都需要进行全过程管理，为各项工作提供高效的服务。同时学院在各课程教学模式、学生管理模式等方面要多方位、全局性地进行研究和探索，争取在学校创新创业教育方面做出自己的特色。

（五）创新创业项目信息平台技术再造

高校要引进或者研制基于先进管理学理念的大学生创新创业项目信息技术管理平台，利用先进的信息平台进行管理，通过网络对每个项目进行实时跟踪，遇到问题能及时反馈。同时在项目完成的时候可以做出有效的评价，根据评价和再反馈信息进行分析，提高管理和决策的科学化水平。

笔者需要指出的是，以上提到的五个方面的改造必须互相配合、相互推动，才能够保证改造达到预期的目标，否则不但达不到预期目标，还有可能造成不良后果。

第三节　基于戴明环的"三层递进"式创新创业教育活动监控管理模型

一、PDCAI 过程监控管理模型

戴明环也被叫作质量环，是由沃特·阿曼德·休哈特（Walter A. Shewhart）这位有着"统计质量之父"之称的美国工程师、统计学家最先提出的。后来，美国的著名质量管理大师爱德华兹·戴明（Edwards Deming）对沃特·阿曼德·休哈特的理论进行了再度挖掘和宣传，使其广泛地应用在项目管理的过程中，以改善监控管理。戴明环由四个部分组成，即 PDCA。P 代表 Plan，也就是计划的制订和编写；D 代表 Do，也就是计划的具体实施和操作；C 代表 Check，也就是项目过程的检查和监控；A 代表 Action，也就是对检查监控结果的处理和改进。按照 PDCA 的顺序，戴明环对项目展开监控管理。这个过程并不是只循环一次，而是周而复始地持续进行。每完成一次循环，解决一些问题，未发现或是未解决的问题进入下一循环，通过这样的动态循环实现项目的不断改善和优化（见图 7-3）。①

---

① 杨军毅. 教育培训中的项目管理模式初探［J］. 经济研究参考，2011（5）：72-73.

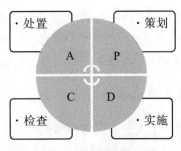

图 7-3　戴明环过程图

戴明环在监控管理中也不是尽善尽美的，仍然存在不足之处：由于在 PDCA 这四个过程中并没有包含人为的创造性因素，所以循环过程只是在原有的项目基础上不断完善现行工作，这很容易束缚创造性并导致惯性思维。因此，根据大学生创新创业教育活动的特点，笔者在原先 PDCA 戴明循环的基础上，引入了创意部分，即 I（Idea），通过创意的激发为循环在每一个周期注入新的活力，促进项目在不断完善中也不断进步，从而形成了基于戴明环的 PDCAI 过程监控管理模型（见图 7-4）。

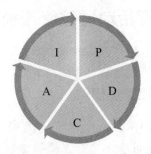

图 7-4　基于戴明环的 PDCAI 循环监控管理模型

当戴明环被运用于大学生创新创业教育活动的项目监控管理之中时，根据创新创业教育活动项目的内容和特点，PDCAI 循环的各个环节有了全新的定义和内容。

（一）P 阶段——计划和立项（Plan，Project）

P 阶段由两个部分组成，即项目计划（Plan）和项目立项（Project），其中计划部分的主要工作就是要根据对创新创业现状的调研和解读，把握创新创业脉络，发现问题、分析问题，选择团队所要进行创新创业教育活动的方向，然后综合现有创新创业资源，筹划项目预算，制作创新创业方案，拟订计划，并确定项目质量目标，最终形成一份完善的创新创业教育活动项目计划方案。

而立项部分就是在编写好项目计划的基础上，积极参加学校各级创新创业教育活动的项目申报，同时根据专家组的评审意见对项目计划进行及时、有效的修改。如果没有成功立项，则需要认真分析原因，进行小组讨论，可以选择改进完善或者更换创新创业项目，并由项目团队在分析结论的基础上对项目计划进行回炉改造，以期再次参加立项审评时可以获得更好的评价直到成功立项。

（二）D 阶段——布局和实施（Design，Do）

D 阶段的主要任务是布局（Design）和实施（Do），这一阶段需要根据预先制订的项目计划和目标，结合内部和外部信息资源，设计出切实可行的具体行动方案和方法，并进行布局，然后再依据行动方案的布局，实施具体的项目操作，以期最终实现项目的预定目标。在这一过程中考验的是项目团队的组织执行力，这也是当代组织的核心能力，行动方案的设计和布局是具体操作实行的基础，而实施过程中也在验证行动方案和布局的合理性和可行性，这种实践验证为方案布局的改善和优化提供了重要参考。除此之外，在布局和实施阶段还必须对项目进程进行测控，以确保创新创业教育活动项目能够按照预计进度顺利完成。

（三）C 阶段——检查、沟通、清理、控制（Check，Communication，Clean，Control）

C 阶段由检查（Check）、沟通（Communication）、清理（Clean）、控制（Control）四个部分组成，它们的任务是确认和保障实施方案能够顺利地达成项目目标。检查指的是对项目实行效果检查，比如项目开展得是否顺利，进展是否如期，财务是否合理，目标是否完成，等等。"下属总是去做你所检查的任务，而不是你所希望完成的"，这一管理名言正反映了检查的重要性。沟通是 C 阶段运行成效的关键，项目团队内部的沟通、团队和外界的沟通都直接影响着项目能否顺利克服困难，继续前行。清理意味着在这一阶段需要开始对从项目初始积累的一些问题进行处理和对资源进行优化配置，这样可以进一步明确项目实施的路径，减少干扰因素，集中优势资源为项目继续保持良好运作提供保障。控制需要根据检查、沟通、清理的情况反馈，对照实施计划和项目目标完善或者重新制定最佳的行动方案。

（四）A 阶段——验收和优化（Acceptance，Act）

A 阶段的主要工作是进行项目验收（Acceptance）和后续优化（Act）。验收要对项目完成质量进行把关，这一阶段可以根据不同的创新创业教育活动项目制定不同的验收标准，如创新创业模拟类的学科竞赛项目可以通过比赛奖项和是否能从创新创业计划阶段向创新创业实践转化作为验收标准，而创新创业实践类则可以根据实际营业额或是融资来评估验收，对于不符合验收要求的项目终止或是可以转入下一阶段继续完善；优化是在项目成果的基础上进一步提升直至可以转化为更加高级和成熟的创新创业教育活动。

（五）I 阶段——创意和灵感（Idea，Inspiration）

I 阶段注重的是创意（Idea）和灵感（Inspiration）的激发和注入。和传统 PDCA 循环监控管理模式比起来，PDCAI 循环监控管理模式更具创新性。在大学生创新创业教育活动的项目管理中引入 I 阶段可以在每次循环完成后根据项目的运行情况和外部环境，通过大学生团队的激情和智慧提出新的创意，激发新的灵感，并将之注入新一轮的 PDCA 循环之中，从而使得创新创业教育活动项目可以通过 IPCDA 循环监控管理模式获得有效的改善，使其质量有所提升。

二、PDCAI"三层递进"模型

（一）第一层——创业启蒙

第一层创业启蒙是高校大学生创新创业教育活动中普及性最强、覆盖面最广的阶段，包括：每学期开设面向全校开放的创新创业实训课，以新生为主参赛的创新创业计划大赛，适合初学者参与的校级创新创业立项，网店实验课、创新创业实验课，等等。这些创新创业教育活动项目的特点是难度比较低，容易上手，适合对创新创业不了解或是了解较少的学生参与，同时在这些活动项目的开展中，非常注重学生创新创业兴趣的激发和创新思维的发散，而不是急于求成，想要迅速把学生培养到能够进行创新创业实践的水平。在这一阶段中，学生无论是参加哪一个或是几个活动项目，学校都会通过 PDCAI 循环监控管理促进他们通过创新创业教育活动不断提高、不断迸发创意，并将创意积极融入创新创业项目之中，再不断完善，直至学生掌握一定的创新创业知识和技能，同时撰写出具有创新创意的创新创业计划，就可以向上进入第二阶段。

（二）第二层——创新创业模拟

第二层是创新创业模拟，也是创新创业教育活动中学生参与热情最高、活动项目种类最多，同时也是各类成果最丰硕的阶段。它包含创新创业计划大赛、"互联网＋"大学生创新创业大赛、职业生涯规划创新创业类竞赛、ERP沙盘模拟经营大赛、大学生创新创业实践模拟竞赛等一系列创新创业类学科竞赛，同时还包括省级和国家大学生创新性实验计划等一系列创新创业立项申请活动。这一阶段的大学生创新创业教育活动都有一定的参与门槛，只有通过了创新创业启蒙阶段的不断锤炼，拥有新颖创意，形成规范创新创业计划的团队才有资格竞技其中，而且从校赛、市赛到省赛，甚至国赛的层层选拔和比拼，也要求项目团队要不断通过一次又一次的 PDCAI 循环去改进和完善自己的创业项目。当团队项目通过创业模拟阶段的反复磨炼，形成切实可行的创新创业计划，乃至获得社会资本的关注和投资时，就可以进入创新创业实践阶段了。

（三）第三层——创业实践

第三层的创业实践是一个条件要求严格、准入门槛较高的实践阶段，只有拥有较强可行性、操作性，具备完善的创新创业计划方案，并被评审专家肯定，甚至获得社会资本认可并投资的项目的团队才有资格进入选拔或者申请加入这个阶段的大学生创新创业教育活动项目。在这一阶段，有条件的高校可以和民营企业资本合作建立创新创业实践基地，为大学生创新创业活动团队提供创新创业实践的平台。[①] 高校还可以通过校企合作、校友帮助，为大学生创新创业项目团队配套各类基金作为支持。同时，高校可以通过 PDCAI 的循环监控管理对创新创业实践项目进行帮扶和管理，推动创新创业项目的优胜劣汰，帮扶优秀项目全面走向社会，不适应和表现差的项目回笼改造或者终止。

高校大学生创新创业教育活动的 PDCAI 循环"三层递进"模型的运作原理是，通过将创新创业教育活动依据参与难度、准入条件、实施风险等因素相应地划分为"创业启蒙、创业模拟、创业实践"三个不同的层次阶段，从创业启蒙到创业模拟，再到创业实践，它们所包含的各类创新创业教育活动受众范围由广泛到精选，参与条件从低到高，项目质量也由浅入深。启蒙阶段是模拟和实践阶段的基础，模拟阶段是启蒙阶段的成果展现和实践阶段的预选，而实践阶段是模拟的升华和实际的应用，其中每一层的创新创业教育活动都通过应用 PDCAI 循环来进行监控和管理。创业项目由 P→I 完成一次循环，推动项目不断完善，当项目在当前层次已经非常出色，该阶段的平台无法满足其施展

---

① 秦添，张正清，胡欣敏，等．"大学生创新创业训练计划"项目管理的实践与思考——以华东理工大学为例［J］．化工高等教育，2016（4）：19−23，27．

时，项目就被推动进阶到更高的一层，并开始新的循环过程。"三层递进"监控管理模式的设计保证了高校能在尽可能大的范围内推动大学生创新创业教育活动，启发创新思维，激发创业热情，同时为大学生创新创业项目的孵化、完善和实践提供了科学的监控管理、多样化的渠道和优质的实践平台。

三、监控管理模型制度评价

"三层递进"监控管理模型的实施对象针对的是学院管理方，希望通过三层分类式的创新创业教育活动监控管理制度，可以让管理者依层分类地整合高校现有的创新创业教育资源，实现优化配置，提升育人效率，同时通过PDCAI循环监控促使每一层阶上的创新创业项目不断完善和进步，挑选优秀的项目进入更高层阶的项目活动中，可有效降低创新创业活动的风险，并且能够满足不同类型学生的能力锻炼需求。对于以创新创业意识锻炼为目标的学生，提供了覆盖面广的、参与门槛低的创新创业启动类活动；对于以创新创业能力锻炼为目标的学生，提供了具有挑战性和模拟实战性的活动项目；对于以创新创业实践为目标的，提供了实践场地、平台、资金支持。

第八章　大学生创新创业能力培养的建议

第一节　依据 WIGS 理论，形成正确的创新创业型人才培养理念

一、一些高校现有的创新创业型人才培养观念模糊、片面

与其说是少数教育家的教育思想在左右改革的方向，不如说是植根于历史传统的文化在广泛的范围内影响着它们的进行。① 自古以来，传统观念和文化就深深地影响着我国人才培养观念和教育模式。经过几千年的沿袭，"重农轻商""求稳守业""学而优则仕"等观念已经深入人心，一些高校的师生也受其影响，因此对创新创业教育在认识上存在一些偏差。首先，有的高校管理者对大学生创新创业政策理解得不够彻底、不够全面，没有形成积极的创新创业型人才培养观念，对创新创业教育没有给予足够的重视。只是从宏观上对创新创业人才的培养进行指导，缺乏具体措施，无法有效地贯彻创新创业教育的思想。有的高校管理者没有充分认识到创新创业型人才的作用和意义，只注重创新培养，对学生创业能力的培养重视不足。有的高校管理者没有理解大学生创新创业的定位，对大学生创新创业能力的构成因素认识不足，只注重技能的培养，忽略专业创新的基础，与大学生创新创业的本质意义相违背。其次，高校的教育改革并没有同创新创业课程的发展结合起来，有的仍然停留在表面。教学方式和考核方式受到传统观念的影响，无法激发学生学习的兴趣，无法全面、客观地评价学生的学习情况。学生的完全智力能力培养不仅得不到有力的内容支持，还不能得到有效的形式保障。再次，传统观念由教育者的思想表达为外在行为，形成表面轰轰烈烈，而内在支持不足的校园创新创业文化环境。

---

① 周南照. 教育改革与文化观念转变 [J]. 教育研究，1987 (2)：10-14.

由于教育者本身观念保守，在按照要求完成创新创业宣传、教育活动之余，并不能真正体现鼓励、引导创新创业的教育思想和观念，具体表现在一些高校大多是组织一次性的创新创业活动，而持续发展创新创业行为的具体措施不够明晰。教学环境中，鼓励学生创造力的教学方法和态度没有充分体现。在校园文化中包容试错、鼓励创新冒险的思想没有深入人心。特别是受到"求稳守业"等传统观念的影响，很多教育者并不认可创造性行为。最后，一些高校和外部世界的联系还不够频繁，合作不够充分。大部分的高校管理者对高等教育的人才培养、科学研究等功能是很认同的，但是他们对高校的社会服务功能理解得并不十分深刻。对高校开展创新创业教育、引导学生创新创业理解得也不十分透彻，认为创业不是大学生的主要就业途径，创新创业教育也不是高校的必要工作。因此，对于学生创新创业实践的具体管理工作并不是很积极。特别是和企业、政府沟通合作等领域有关的工作本来就处于探索阶段，需要创造性地开展工作，而对创新创业教育的理解不够全面直接导致了高校与外部合作的不积极。此外，受传统思想的影响，有的高校管理者没有对商业行为给予足够的重视，或者不肯大胆寻求校企合作，导致高校创新创业教育对外部系统各种资源的利用不充分。

二、从创新驱动发展战略的高度认识创业教育

推进创新创业教育的发展，培养创新创业型人才，首先需要高校的管理者和教师认识到创新创业教育的重要性和社会经济的发展对创新创业型人才需求的迫切性。目前，全球经济的发展表现为知识经济不断扩大的特点，创新知识、技术带动创业成为经济发展的大趋势，创新意识和创业能力是创业型经济发展的重要驱动力，我国为此明确提出"创新驱动发展战略"，大力推进创新驱动型创业经济的发展。经济和社会的发展阶段早已超越了农业经济阶段，新经济高效、快速、日新月异的发展特点需要不断出现的创意突破、创新成果和由此带来的创新创业行动来支撑，支持创造性行动的是劳动者创新创业的意识、精神、能力，对应创新创业意识和能力的思想特点是开拓、求新求变、质疑、个性化、冒险、竞争等，与我国长期以来农业传承固化下来的"重农轻商""求稳守业""学而优则仕"等思想截然不同，再以传统思想维持现代教育已经不能适应社会经济发展的需要，培养的个体已经不能适应现代社会的发展，更无法担负起推动社会进步的重任。创新创业教育是培养新型人才的教育，不仅受教育者应接受创新创业教育，努力提高社会发展需要的能力素质，教育者本身也应该及时调整观念，从战略高度认识创新创业教育，及时调整教

育中的滞后因素和局限性，保证创新创业型人才的培养。先进的思想意识应该首先从高校形成，并通过教育传播给社会，促进新观念的形成，适应社会经济发展的趋势，推动社会进步。

三、依据创造型人才培养规律，形成创新创业型人才培养理念

培养创新创业型人才也需要遵循人才培养规律，创新创业型人才培养理念的转变同样体现为接纳符合创造力培养的教育思想，如何借鉴 WICS 理论对学生进行全面智力能力培养，突出学生个性培养的思想。在我国的传统教育中，注重整体培养规格，对个体能力发展的关注不足。具体教育过程中只注重记忆能力和分析能力，对于创造智力、实践智力是比较忽视的。在教学、考核，甚至选拔人才的过程中，分析性智力、能力表现突出的学生有很大的优势，而创造性智力、实践性智力等优越的学生在传统教育模式中处于劣势。结果就是全体学生追求记忆和分析性智力和能力的培养，而非全智力开发培养，因此教育并不能促进全体学生的发展或者促进学生的全面发展，对创新创业型人才的培养是极其不利的。在创新创业教育的发展过程中也体现出传统教育理念的影响，在教育培养过程中没有及时调整培养目标，不利于学生完全智力能力发展，对学生平衡创造力开发不够，对学生综合创新创业能力的培养十分薄弱。

借鉴 WICS 理论开发学生"分析性智力、创造性智力、实践性智力"综合运用能力的思想。创新创业教育作为不同于传统教育的新兴教育，还不能为高校教育者普遍接受和深刻全面的理解和把握，因此在人才培养理念上也存在一些偏差。[①] 例如，简单地从创新创业技能训练入手，试图在短时间内形成丰硕的创新创业成果。而实际结果是盲目促成的大学生创新创业项目中大部分不符合大学生创新创业的定位特点且成功率低。这一现象的实质是高校简单地催生实践性智力能力发展，在学生不具备综合创新创业能力的情况下，直接扶持创新创业行动培养创业企业家是有悖创新创业型人才培养规律的，同国家发展创业型经济、倡导大学生创新创业的初衷相悖。再比如对创新创业教育的折中观点认为，高等教育可以培养学生的创新能力，但创业能力不是高等教育培养的目标，因此对创业能力的培养显得保守、片面。这一观点的实质是对创业型经济和创新创业教育的认识不足，没有及时认识到创业型经济是宏观经济发展的趋势，创新创业型人才是未来经济发展的主要动力，而创业教育不是单纯地扶持创业行动，重点是培养学生的综合创造力，也就是创业能力。创新能力只是

---

① 张玉利，王晓文. 先前经验、学习风格与创业能力的实证研究［J］. 管理科学，2011（3）：1—12.

创业能力的一个维度，只有具备综合创业能力的受教育者才能成为未来经济建设的主要力量。综合能力的开发不仅局限于创新能力的培养，创业型人格、实践应用能力、机会开发能力、经营管理能力等实践性能力都需要培养和开发，并且需要在实践过程中形成多种能力的平衡、创造性使用。因此，创新创业教育不能片面地强调创业实践或者专业创新，而应该借鉴 WICS 理论的创造力开发思想，进行综合训练以及促进平衡应用。

因此，在促进创业型经济发展的社会背景下，高等教育要实现培养创新创业型人才的培养目标，就应该满足个体全面发展的需要，同等重要地培养个体的分析智力、创造智力和实践智力；平等给予不同智力特点的学生发展的机会，促进他们综合创造力的发展。首先，高校要摒弃传统的与能力、优等生、规范教学相关的理念，建立新的符合创新创业型人才标准的学生观和教育观，使高校的教育不是简单按照成绩评判学生优劣，而是能够满足学生不同的发展需要。其次，高校要促进不同能力模式学生的发展，提供给他们发展多方向知识、技能和能力的教育服务，通过全面的培养和训练，使每个学生都具备综合创造力，拥有创造性行动的综合能力。

第二节　强化"教学体系"在创新创业能力基础培养阶段的作用

一、"教学体系"对学生多元智力能力培养不足

按照模型设计的教学体系对应测评题项，具体要素包括人才培养目标、课程设置、教学内容、教学方法、考核导向、对完全智力培养情况和对创新能力培养的情况等。笔者在调研中发现，目前许多高校的创新创业教育中教学体系的改革还不够深入，对学生多元智力的培养力度不够，还无法较好地发挥对学生创新创业能力培养的作用。从调查的结果来看，在"教学体系"中很少涉及创新创业能力培养的改革内容。即使在培养目标中包含"培养创新创业型人才"，将专业教育培养计划结合起来的也很少；课程设置虽然增加了专业创新创业课程的比例，但是要想起到融合专业来培养学生创新创业能力的作用还是十分有限的；理论教学仍是创新创业指导课程的主角，实践内容的课时比例还有待提高。高校应该加强学生专业应用能力的培养；教师仍是课堂的主宰，学生处于

被动地位；试卷仍是考核的主要方式，对于学生多方面的能力考查较少。

二、重点发挥"教学体系"对创新能力、专业应用能力的培养作用

"教学体系"能够全面、正向、显著地影响个体创业能力维度中的专业知识技术应用能力和创新能力，因此，高校的创新创业教育应该以"教学体系"为基础，重点培养学生掌握专业知识、应用专业技能、创造性地使用专业知识技能的多元能力，使专业教育的教学体系能够支持创新能力、科研能力、专业知识技能应用能力的形成，由专业教育实现学生的多元能力培养，为促进科研转化、引领创新奠定能力基础。"教学体系"对创新创业能力中的创业技能类能力维度如"机会开发""管理经营""团队合作"和个体素质类维度如"个体特质"影响不大，因此，笔者认为通过专业教育的"教学体系"能够全面促进学生个体创业能力的提升。我们不能夸大创新创业教育和专业教育融合的作用，或者将不符合规律的专业教学过程融入创新创业教育。通过对调查数据的分析，笔者得出这样的结论：个体多元智力是创新创业能力中其他维度的基础。它们以不同方式在不同的阶段促进个体多元智力的发展。因此，"教学体系"应该将关注点集中在重点功能上，开发和设计具体的步骤，更好地实现"专业知识应用"和"创新能力"功能，完成好个体多元智力基础任务。笔者认为，大学生创新创业能力的培养应该分为三个阶段：第一阶段，高校应以"教学体系"为创新创业能力培养的突破口；第二阶段，以高校雄厚的教学科研能力为基础，尽可能地让学生获得足够多的能够提升他们专业创新能力的优势资源；第三阶段，通过教学过程，培养学生的完全智力和利用专业知识的综合创造力。

第三节　利用实践体系和指导服务体系促成创新创业能力的形成和发展

一、高校现有实践体系和指导服务体系不完善

（一）校企合作水平不高

笔者在走访调查中发现，受访者对校企合作的调查内容的认可度比较低，

集中反映为高校和外部企业、地方政府的交流合作的开放度和纵深度不够。从校外实训机会、对外部资源利用和合作进行创新创业实际支持等方面来看，校企或者校政合作不够深入，对学生专业应用能力、科研创新能力和创业实战能力的联合培养针对性不强，学生从中受益有限。有的学生反映，他们和外界的联系不是很多，常常是在学校里关起门来做研究，有的时候会联系企业，却发现它们的设备比较老、科研资金不足的问题仍然存在，研究的内容和社会需求不符。有的学生反映，他们和企业接触的机会太少了，很多创新创业指导教师并没有实战经验。如果他们能够经常到企业去交流学习，了解它们的实际生产情况和迫切需求，那么他们在做项目的时候就能少费些周折、少走弯路。也有的学生说，他们的项目启动资金并不充足，希望学校能够为创新创业比赛多提供一些奖金。学校要多引入社会资本参与校内的各种创新创业比赛，多请一些有创新创业经验的人为大家授课。学生的这些心声说明了目前高校对外部企业、政府资源的利用还不够充分，校企合作促进学生创新创业能力培养的工作有的时候仅仅停留在形式上，专业实训被参观、走访、见习代替，学生的实践被大大压缩。由此可知，不少高校的实践体系还不够完善，特别是校企合作这一渠道还不能有效地促进学生创新创业能力的发展。

（二）各培养渠道割裂发展

1. 创新创业教育系统性不强，培养渠道没有形成联动效果

笔者在调查中发现，许多高校都对创新创业教育进行了不同程度的教学改革和新的尝试，但是还没有形成一个将"教学体系""实践体系""指导服务体系""隐性环境"包括在内的系统性改革，不能使得每个环节都协调一致，围绕创新创业能力的培养目标共同发挥作用。目前，在我国高校的创新创业教育改革中，很多"专业和创新创业融入式""创新创业实践式"的创新创业教育发展模式最终成为只有创新创业教育，和专业教育割裂发展。"教学体系"没有针对创新创业能力培养进行相应的调整，没有对"实践体系""指导服务体系""隐性环境"起到专业能力支撑作用，导致"实践体系""指导服务体系"的培养偏重创新创业技能的培养，而"实践体系"和"指导服务体系"本身作为新兴培养方式有诸多不完善，互相难以协调，因此难以形成具备专业技术竞争力的创新创业项目；而"隐性环境"的认识和导向也忽视了"教学体系"的作用，最终形成创新创业教育独立发展，和专业教育脱离，从而无法完成对大学生创新创业能力全部维度的培养。究其原因，主要是组织创新创业教育的管

理部门通常是新设的机构，只对与创新创业有关的教育教学和实践活动进行管理，而原有的专业教学体系早有相应管理部门和学院形成成熟的管理体系，双方乃至多面的改革协调工作很难完成，最终出现创新创业教育与专业教育割裂发展的局面。有的高校提出"创新引领模式"，重视专业教育对专业应用和创新能力的培养，很少进行创新创业实践，导致创新教育无法和创业实践产生联动效应，无法促进学生创新创业能力的全部维度。此外，创新创业教育主管部门和孵化基地、产业合作部门之间的协调并不是十分顺畅。一般情况下，"创新引领模式"的创新创业教育采取试点发展的方式，也就是由创新创业学院或者某个管理机构牵头，以创业班、实践班、竞赛班等形式试点进行专业的创新培养，由于范围小、影响有限，虽然能够取得一些科技竞赛的奖项、发表一些科研论文，但是对于形成大规模的全校范围的专业应用和创新能力仍有很长的路要走。从这一方面来看，试点发展也会导致割裂发展。高校应该考虑如何推广，并形成覆盖全校范围的人才培养模式。

2. 多头管理，导致各培养渠道的割裂发展

国家对大学生创新创业工作是十分重视的，因此，政府各部门从不同角度对高校的创新创业教育工作布置了不同的任务、进行了不同的考核、提出了不同的要求。这些来自不同政府部门的任务要求，分别由高校内部不同的行政管理部门对接，形成学校内部多部门共抓创新创业教育的局面。例如，团委负责"挑战杯"系列创新创业竞赛，教务处负责"大学生创新创业训练计划"，学生处、就业指导中心、科技园等都在上级主管部门的指导下开展各类创新创业竞赛、创新创业工作考核、创业孵化基地建设等工作。来自不同领导部门的工作任务使高校内部对创新创业教育的建设重复，它们的工作或者重复，或者各管一段，割裂发展。此外，通常情况下都是行政部门来推进创新创业教育的发展，总是以学生活动的形式展开，很少涉及学生多元智力和创造性行动的培养。由此可见，目前高校对学生创新创业能力的培养是不全面的，"实践体系"和"指导体系"尤为薄弱，从而削弱了创新创业能力开发阶段的培养作用。

二、发挥"实践体系"和"指导服务体系"开发创新创业能力的作用

笔者对调研中搜集到的数据进行分析整理并建模后发现，"实践体系"和创新创业能力中的"机会开发""管理经营""专业知识应用能力"等维度呈正相关的关系，对它们有着显著的影响；"指导服务体系"和创新创业能力中的

"个体特质""机会开发""管理经营""专业知识应用能力"等维度呈正相关的关系，对它们有着显著的影响。我们能够发现，在"实践体系"和"指导服务体系"的配合运转下，个体的创新创业能力无论是内在认知，还是外在实践，将会受到全面的影响。而这个培养过程正是将专业知识和专业创新的能力基础创造性地进行应用训练的过程，是在多元能力培养的基础上，通过积极正向影响因素的综合配合，形成创造性能力的过程，也就是平衡运用多元能力基础形成创新创业能力的过程。[①]

从建模的数据结果来看，"实践体系""指导服务体系"对创新创业能力各维度共同产生影响。它们还间接地对"教学体系"，甚至其他构成创新创业能力的维度产生影响。因此，笔者认为，"实践体系"和"指导服务体系"这两个培养渠道是相互影响、相互促进的，它们应该形成合力，使提升个体创新创业能力的效果达到最大。从笔者之前提到的创新创业能力培养的三个阶段来看，高校应该把"实践体系""指导服务体系"作为培养方式和平台，促进学生多元智力基础上的创造力的形成和发展。除了针对专业领域的实践和指导以外，还应该对专业创新的创业方向进行探索。高校可以采取如下具体措施：搭建和专业教育相关的研究实训平台，建设专业课程实训实验室、专业创新实验室、开放实验室，进一步提升学生的专业科研创新能力。搭建和创业技能有关的体验实训平台，启蒙学生"机会开发能力""管理经营能力"方面的思维。培养科研导师和创业导师团队，指导学生进行科研创新，提高他们的科研创业能力，促进以专业创新能力为基础的综合创造力的形成和发展。高校要合理地利用校企合作平台，在促进科研成果转化的同时，结合社会需求开展研发活动，以发挥科技创新对经济发展的引领作用。

三、如何改进"实践体系"和"指导服务体系"

（一）搭建和专业教育相结合的研究实训平台

搭建和专业教育相结合的研究实训平台，进一步提升学生的专业知识应用能力。专业知识的应用能力需要实践性、探索性学习，搭建专业领域的研究实训平台，对应专业课程开发设计实践教学环节、科学延展性研究和专业前沿、应用方向的立项项目研究，开设多功能实验室。首先，建设专业课程实训实验

[①] 梅德强，龙勇. 不确定性环境下创业能力与创新类型关系研究 [J]. 科学学研究，2010（9）：1413－1421.

室。设计和教学相结合的研究项目，满足学生专业学习过程中实际操作、体验的需要，激发创新思维和科学研究的兴趣，提高运用专业知识发现问题、分析问题、解决问题的能力。其次，建设专业创新实验室。鼓励教师进行应用相关的科学研究，鼓励学生参与科研课题研究，从事科研助手工作。在专业导师的指导下，学生运用专业知识结合社会生产实际进行探索性、延展性研究。研究的内容和项目可以是学生或学生团队自主确定的创新性课题，也可以是导师的研究项目，以及大学生创新创业计划项目，等等。目的是引导学生创新式解决问题、关注专业前沿、解决实际问题、提高实操能力。最后，建设开放实验室。面向跨专业选修的学生给予专业实验室的实训机会。为学生的自主学习和研究性学习提供实训、验证的环境，培养学生的个性化和创造力。

（二）搭建和创业技能相结合的体验实训平台

搭建相应的体验实训平台，能够促进学生"机会开发能力""管理经营能力"的体验式训练。针对通识课程体系中的创新创业教育课程安排，在创新创业意识引导、创新创业基础知识和创新创业实践技能等环节设计阶梯式实训项目。在对学生进行创新创业启蒙教育的过程中，适当设计课程配套的实训项目或者教学环节。学生可以对企业家进行访谈、到企业里走访并实习、了解创新创业者的人格和特质。高校也可以组织团队协作竞赛，培养学生制定目标、果断执行、团队合作的能力。为了激发学生创新创业的特质，高校可以对学生展开压力训练、创意作业、自我管理训练等专项实训。在启蒙教育环节，配合课堂教学起到唤起学生创新创业意识、激起兴趣、引导行为、形成文化的作用。在选修范围的创新创业兴趣班中，设计创新创业管理技能实训项目。例如，展开市场调研，完成调研报告，发现并讨论可行性商机，制作创业计划书，分析经典案例，沙盘模拟财务流程，开展企业运营竞赛之类的商业游戏，去企业实习，了解那里的实际情况。在这个过程中，学生不但可了解创新创业活动的具体环节，又可以把课堂上学到的创新创业知识运用到实际的操作当中。通过对各个环节展开模拟实训，学生的创新创业技能和实践能力将得到提升。在创新创业竞赛培养环节，高校要建立统一的竞赛管理机制，对全校的创新创业竞赛项目进行统一管理，协调好指导教师，根据竞赛项目的不同展开有针对性的训练，不断提高学生的竞赛技能，鼓励和指导学生积极参加各级各类创新创业竞赛。这不仅能够开阔他们的视野，还能够培养他们的竞争意识、提高他们的创新创业能力。通过参与创新创业活动和竞赛，学生们能够体验和训练"机会开发能力""管理经营能力"。

第四节　发挥隐性环境对创新创业能力实践的导向作用

一、一些高校现有的创新创业教育环境表面化

隐性环境指的是在学校中除正规课程之外所学习的一切东西，是学校经验中隐蔽的、无意识的或者未被完全认可的那部分经验。[①] 本书研究的是包括校园文化和制度体系等具体因素在内的隐性环境。笔者在调查的过程中发现，高校开展创新创业教育，从创业活动一开始到慢慢形成校园创新创业文化，隐性环境都在不断地发展和壮大，但是它的作用发挥得还不够深入、不够深刻。

（一）对校园文化的影响

在笔者设计的有关校园文化的调查问卷中，被调查的学生普遍认同"学校校园文化促进创新创业意识发展"，比较认同"学校校园文化包容不同观点，可以接触到不同文化"这个观点，但是对于"学校学习环境保护个性化、质疑、创新、冒险行为"则没有得到学生的认同。这样的调查结果表明，学校所开展的一系列的与创新创业教育相关的第二课堂活动起到了良好的宣传介绍作用，使广大师生通过活动了解、熟悉了创新创业，促进了创新创业意识的培养。但是校园环境还不够先进和便利，不能提供多元文化交流、碰撞的平台，而文化融合、碰撞是创新的环境土壤，因此作为文化基础的层面，校园文化环境因各校基础不同，提供的创新创业文化环境有所差别，对学生获得创新能力的文化资源也就不同。再进一步考察，校园文化的精神层面引导和促进作用还需要加强。校园文化不仅通过第二课堂活动传递创新创业型人才培养的理念，配合实现创新创业型人才培养的目标。优质的多元文化平台可为师生的创新行为、创业行动提供文化、思想资源，还应通过深入管理、制度、教学生活方式等各个环节的教育思想来体现出对师生创新、质疑行为的鼓励，对冒险、创业行动的保护，对创造性智力能力和实践性智力能力的支持性引导，让师生敢于打破传统教和学的模式，勇于实践个性化发展，形成创新创业型人格品质。目前，我国高校的创新创业教育校园文化在组织开展活动层面进展迅速，在文化

[①]　周南照. 教育改革与文化观念转变 [J]. 教育研究，1987 (2)：10—14.

包容和交流层面发展不平衡，在精神引导层面不够深入，还不能起到良好的引导作用。

（二）管理制度应更具针对性

管理制度中，教学管理制度由于学分制的普及，在选课、辅修等学业管理方面各高校有着成熟的管理制度，利于学生个性化发展，给学生自主发展的空间。但是针对创新创业能力培养的学籍管理制度、科研管理制度、实习实训制度、创业实践制度等都还不够完善，各校因创新创业教育发展程度不同、方向不同、制度建设的侧重点有所不同，不同程度地存在不完备的地方，在具体实施过程中保障作用差，甚至有很多局限性。例如，休学创业政策难以落实，科研经费资助程序烦琐，导师制因为导师数量少而指导作用减弱，实习实训学时难以保障。制度体现学校培养理念，制度在制定和实施的过程中存在一定的局限性，说明了制度代表的培养理念和管理思想宏观、模糊，对创新创业人才的培养不够深入实际，因此导致创新创业能力培养过程中出现了某些环节的不畅，或者起不到保障和促进的作用，从而削弱了隐性校园环境对创新创业能力形成和发展的作用。

二、发挥隐性环境在创新创业能力实践过程中的保护和鼓励作用

根据笔者对调查数据建模后得出的结论可知，"隐性环境"对创新创业能力中的"个体特质""管理经营""创新能力"等维度产生正向且显著的影响。一方面，隐性环境促进了个体创新创业能力中从个人内在素质到创新创业技能再到创新创业核心竞争能力全方位的各维度的发展。另一方面，隐性环境是创新创业教育四个培养渠道中对创新能力产生正向显著影响的因素之一，除了教学体系对个体创新能力的直接助力以外，隐性环境对个体创新能力的导向作用也是十分显著的，并且通过对实践体系的内在影响间接对创业能力的其他维度产生作用。由此我们能够看出，隐性环境对个体创新创业能力的作用十分全面，是不可缺少的。按照"隐性环境"因子的具体题项内容，该体系通过创新创业精神意识培养、制度保护鼓励和创新创业环境氛围等方式促进学生的创新创业型人格特质的形成和发展，保护促进创业行动，提供有利的创新创业发展环境。校园文化的导向、制度的保护、资源环境的便利促进了学生个体创新创业特质的形成，鼓励了创新意识和行为，支持了创业行动，对创新创业能力的形成和发展起到了导向和促进作用。因此，通过校园隐性环境的建设能够形成

鼓励和保护创新创业的规章制度，通过无处不在的校园文化体系体现根植于教育者内心的创新创业教育理念，既引导教育者的培养行动，也导向受教育者的创业行动，对学生创新创业能力的形成和实际运用具有促进作用。

三、如何完善"隐性环境"

隐性环境对创新创业能力的"个体特质""管理经营""创新能力"影响显著，表明对创新创业意识和品质、创新精神和能力的导向功能，以及对综合创造力在创新创业过程中运用的促进作用。隐性环境包括激发学生创造力的学习环境、保护学生创新意识的校园文化和促进学生创业行为的学校制度环境，推动学生的完全智力和综合创造能力在创业行动中的运用。同时，隐性环境的鼓励、支持和导向氛围也对实践体系构建起到正向促进作用。

（一）将培养创新创业型人才的教育理念渗透到校园隐性环境中

高校培养创新创业型人才的教育理念不仅要通过"教学体系""实践体系""指导服务体系"完成对学生创新创业能力的直接培养，还应该通过"隐性环境"形成鼓励创新、创造、创业的环境氛围，形成保护和促进创造力、创业行动的制度，建设有利于创新成果转化为创业行动的外部支持环境，使高等教育培养创新创业能力的人才培养观念渗透到校园隐性环境中，成为全校师生的创新创业意识。高校要构建一种全时空的教育氛围，使校园学习生活的每个方面都和个人的创新创业能力发展紧密地联系在一起，让学生无论是在课堂内还是在课堂外都可以增进知识、培养能力、熏陶意识。首先，高校要重视隐性课程功能，从内涵到形式，从活动到氛围，全面体现创新文化和培养创新创业能力的观念。其次，努力搭建多元文化的交融平台，包容不同的观点和声音，给师生开阔视野的机会和思想碰撞的机会。活跃的文化土壤是创新的温床。最后，努力培养保护和促进创造力、创新意识和创业行为。这需要高校管理者和教育者真正地认识到创造力、创新意识和创业实践对创新创业型人才培养的重要意义，将鼓励创新、培养创造力、保护创业热情融入教育思想中，形成鼓励和促进创新创业的校园文化。在课内、课外学习生活中处处体现"以学生为本""培养创造力"的意识，自觉在教学方式、教学关系等课堂内的隐性文化上体现出对学生个性化发展的尊重，体现出对创造力的积极引导。

（二）合理构建学习环境

鼓励创造的学习环境，对学生群体的知识构成、认知风格、技能水平，甚至人格特质等创造力影响因素都会产生重要影响。在学习环境中，教师的教学风格是权威式或者民主式将对学生的思考方式和创新思维积极性产生很大的影响，而个体的思维积极性直接影响创业过程中的冒险意识和革新创造意识。考核评价注重理论知识或者实际应用直接引导学生的学习侧重方向和能力倾向。[①] 学习环境的民主式教风、教师的平等教育观念以及考核环节对综合能力的导向，将会促进教学体系对学生完全智力的培养，促进学生创新创业能力的基本核心能力——"专业应用能力"和"创新能力"的形成和发展。

（三）塑造尊重创造力的校园文化

校园文化以其广泛性和导向性及与学生群体的密切联系和直接作用，对学生的影响是潜移默化的，也是深刻的。一个尊重创造力和提高创业行为地位的环境更可能带来创造力和创业潜力的发展，使创新精神和创新素质得到锻炼和培养。例如，丰富多彩的创新创业活动会从观念、兴趣的角度引导学生关注新生事物和新生过程。校园文化中对多元文化甚至对立文化的包容，各种文化手段的获取自由会促进学生对各种新观点的了解和思考，促进新思想的产生。一个非评价性的鼓励创新校园文化会保护和促进学生在创新创业方面的积极探索，对学生的创新意识、创新能力发展起到良好的推动作用。

（四）建立保障学生创业行动的创业管理制度环境

制度环境不仅包括对学生创业活动的直接管理制度、教学制度体系、管理模式，也包括对教师指导的激励制度、创业教育评价制度。

1. 对学生创业活动的直接管理制度

它体现了指导和服务的观念，规定了服务内容、方式和具体服务的硬件条件，直接对创业行动进行扶持，是对创业能力形成起到较为直接作用的环境因素。培养理念通过创业指导和服务的具体行为方式作用于学生，并通过诸如场地、资金、师资、交流平台等硬件条件切实服务于学生创业，可对学生的创业

---

① 张霞，王林雪，曾兴雯. 基于创业企业成长的创业能力转化机制研究［J］. 科技进步与对策，2011（6）：77-80.

实践起到重要的支持作用。

2. 教学制度和管理模式

教学制度和管理模式会在学生基础能力形成过程中发挥重要作用。教学制度体系是和人才培养的微观过程紧密相关的各种规章制度及其实施的体系，核心内容有学分制、学位制、导师制、实习制、分流制度、日常教学管理制度，可为不同状态的学生提供多条学习跑道。

（1）进一步完善学分制，使之成为完全智力能力培养的制度保障。

目前，我国高校学分制普遍比较成熟，但是还应该针对学生全面能力的培养进一步完善。例如，完善选课制，从制度上大比例提高实践课、创新课选修学分，真正给予学生充分的选课自由。完善辅修制，加强学籍管理制度、跨校学分互认等制度的配合，使学生辅修管理顺畅，扩大规模。完善导师制，形成导师准入机制，保证导师的数量和质量，保证因材施教、个性化教育的实施，带领和引导学生进行专业领域的创业研究和实践探索。教学管理模式是对教学过程进行组织管理的手段和方法。从创新创业教育的发展过程来看，高校的管理采用较多的有三种模式[①]：

①聚焦式：针对 MBA、UGB、ENG 等专业的商业领域，师资配备和教学完全围绕创新创业运营步骤设计，目的是培养专业创业者。

②磁石式：学校设立创新创业管理平台，以创新创业项目为中心，吸收学生和教师共同学习、研究、实践创新创业教学和活动。

③辐射式：创新创业教育分散到各学院进行，结合学科特色，开展专业相关的创新创业教育课程和实践活动。

上面的三种创新创业教育管理模式在国外高校都有成功案例。近几年来，国内高校也逐渐出现了"磁石式"和"辐射式"的创新创业教育模式，成立统一的管理机构，开展全校范围的创新创业课程和活动，但是对于学生群体性创新创业能力的培养仍然无法达到比较好的效果。因此，创新创业教育管理模式不能只是照搬形式，还应该结合 WICS 理论培养学生完全智力、能力的理论观点，基于创造力开发理论的创造性人才培养理论，贯穿"培养大学生专业应用能力和创新能力"的教育理念，使管理模式从本质上服务于创新创业能力培养的全过程，最大限度地保障创新、创造、创业教育按照自身规律发展，使创新创业能力培养的过程要素能够在适当的管理模式的保障下顺利地实施。

---

① 梅伟惠. 美国高校创业教育模式研究 ［J］. 比较教育研究，2008（5）：52—56.

（2）建立导向明确的激励制度和考核制度。

对学生实行自觉提升创新创业能力的引导制度。改变教学方式，提倡学生自主探索、体验式学习；改革考核办法，增加对学生创造力、专业应用实践能力的考核；对参与创新创业实践的学生给予评优、保研等方面的政策倾斜；营造鼓励创新、包容失败的校园氛围，支持学生创新创业实践。培养学生的创新意识，激发他们的创业热情。

（3）进一步健全科研制。

①增加研究型课程，在教学中加大研究性教学和研讨性内容，并以提交研究论文或者报告等形式进行考核，提升学生的专业探索、研究能力。

②以"大学生创新引领计划"为基础，结合导师制，吸收学生参与导师在研课题，结合大量的科研练习，训练和培养学生的创造力。

③为学生提供充分的科研项目和经费支持，加大对学生科研项目的指导和支持力度。

（4）加强实习、实训制。

①在实习形式上应该灵活多样，根据学科的专业特点，发挥长短期实习、集中分散实习、校内外实习等各自的优势，更好地提高学生的实习效果。

②在实习、实践内容上，应该尽量建立校内外实习、实训基地，保证学生能够深入生产实践的一线，有足够的操作、体验机会。

3．教师评价

教师评价是根据学校的教育目标和教师的工作任务，运用恰当的评价方法对教师个体的工作进行价值判断。[①] 教师的评价机制应该有利于教师为促进创新创业教育而进行教学改革行为，引导教师积极地投入创新创业教育之中。科学有效的评价机制将调动教师的积极性，促进教学质量的提高，并且成为有效的教学改革导向。对教师实行创新创业教育激励制度，在评价机制的各方面渗透对教师创新能力和教学改革能力的要求，保护教师的创造力将是引导教师积极进行教学改革的有效办法。例如，以教改立、创新创业项目资助、科研立项等形式鼓励教师研究创新创业课程的开发、教学以及实践工作。对教师指导学生创新创业项目的工作进行量化，计入工作量，并将创新创业教育工作量和年度考核、绩效、职务职称晋级相挂钩。落实"教师可以在职创业"政策，鼓励教师带领学生团队进行科技创业。引导教师思考创新创业教育，激发他们指导

---

① 袁振国. 当代教育学 ［M］. 北京：教育科学出版社，2010：243.

学生创新创业的积极性。

4. 其他

对学校创新创业教育工作的评价应避免急功近利的评价标准，允许学校依照教育规律扎实推进创新创业教育工作。一直以来，高校创业被寄予"创业带动就业"的厚望，教育主管部门以及社会对高校创新创业教育的评价也相应地重视学校每年的创新创业项目数量、创新创业学生比重、创业成功率，对培养过程更为关注学校创业孵化基地的面积、参加各级各类创新创业大赛的获奖情况、创新创业实务课程开设的门数和普及程度。但是实际上，创业成果只是创新创业教育的教育目标之一，创业技巧层面的培养过程仅是针对创业行为的速成式培训，这些不是创新创业教育的全部。创业成果和创业技能是需要有专业底蕴为基础的，是需要学生自身的创新创业能力做支撑的。简单地考核局部和表象，导向了高校创新创业教育追求枝端末节，热衷于创新创业活动的开展，追求立竿见影的成果，而没有思考创新创业型人才培养的规律，没有从教育规律本身出发夯实教育基础，使得创新创业教育成为少数学生的培训，创业成果和专业教育割裂，没有后续支持。

创新创业教育在于培养有专业基础的创新创业型人才，使学生具有开拓的人格特质、创新创业的基本能力，能够具有利用专业知识技能进行创新应用或科技成果转化的能力；最终可以利用自身的综合能力进行创新创业活动，也可以利用这些创新创业能力在行业内、岗位上进行开拓、创新，实现岗位创业。当评价标准仅局限在创业成果和创业技巧培训的范围和层面时，只会让考核停留在表面，将创新创业教育的整体内容忽略掉。因此，针对创新创业教育评估评价体系，高校应该根据自身创新创业教育的目标和培养过程，使评价目标和培养目标保持一致，评价内容贯穿于人才培养的各个环节，评价指标导向人才培养规律。具体评估评价体系的设立应首先建构一个考核多元能力的多元质量观。不同类型的高校需要制定不同的评价体系，即使是类型相同的高校，在质量考察上也应该从多元能力的角度制定不同的能力观测点。针对培养目标的各个方面进行考核，不仅量化考核创业成果，还要考核创新创业能力培养过程；不仅考核创新创业技能，还要考核创新创业能力；不仅考核实践成绩，还要考核高校教育的趋势和潜力。此外，具体评价内容应该包括人才培养的全过程，不仅考核学生的创业率，还应该包括学校的培养模式、针对创新创业教育采取的改革措施。

总而言之，隐性环境体现了一个学校的创新创业教育理念，并通过指导制度、教学制度、考评体系等贯彻在创新创业教育的运行体系中，通过开展课堂以外的实践活动来影响校园文化环境中的个体观念和行为。通过制度建设、校园文化建设、校企合作机制形成自身特有的创新创业文化，对身处环境中的个体打下印记，产生深远的影响，并最终形成基于专业知识技能的创造力在创新创业过程中的综合运用，发展为大学生特有的创新创业能力。

第九章　大学生创新创业政策研究

第一节　大学生创新创业政策出台的背景

一、"互联网＋"时代的推动

由于国家对创新驱动战略的持续关注，"互联网＋"此时为社会经济的发展提供了新的方向。社会经济的发展和互联网紧密地结合起来，不仅推动了我国经济模式和产业结构的转型升级，互联网技术还为大学生创新创业提供了可靠的教育平台。云计算可以为大学生提供高质量的创新创业资源服务，有助于大学生准确把握行业动向，寻找可进入的潜在市场。高校通过互联网实现与国际接轨，更新人才培养理念，传授更加行之有效的创新创业方法。多数大学生创新创业项目在"互联网＋"的环境下有了新的融资机遇，创新创业项目的转化率也得到了提升。2015 年 7 月，国务院发布了《关于积极推进"互联网＋"行动的指导意见》，对"互联网＋"环境下的创业提了一些意见。纵观今日经济，我们不仅要关注国内的发展情况，更要放眼全球市场，因为经济全球一体化的趋势越来越明显。这就需要政府、高校、社会三方合作，为大学生提供创新创业教育和机会，让他们能够真正将创新创业方案和"互联网＋"理念实现对接，拓展创新创业思维，投入创新创业实践中去。特别是互联网、人工智能等领域的创新创业项目正呈现出蓬勃的生机。

二、大学生创新创业活动的内容和形式不断丰富

美国在 1983 年就开始举办大学生创业大赛，在全美范围内发展得如火如荼，从而引发了一阵又一阵的创业热潮。英国从 1998 年开始，以指导牛津、剑桥等高校的学生举办创业活动为主，促进大学生的就业转型，鼓励他们积极创业，推动社会经济发展。2000 年，德国为了保障大学生创业制定了相应的

规定。法国和日本也是比较早地关注大学生创业的国家。1998 年，清华大学举办了创业计划大赛，从此点燃了我国大学生的创业之火。2015 年是"互联网＋"元年，由北京大学牵头举办了第一届中国"互联网＋"大学生创新创业大赛。这次创新创业比赛也获得了互联网巨头阿里巴巴和腾讯的极大关注。在 2017 年的大赛中，"腾讯云"提供了相关的技术和资源支持。2018 年是中国"互联网＋"大学生创新创业大赛走过的第四年，其影响力越来越大，参与度也越来越高。参赛选手涵盖全国 2278 所高校的 265 万名大学生、64 万个团队。此外，中国"互联网＋"大学生创新创业大赛的参赛范围也扩大到了国外。大赛中众多的项目获得了联合天使投资。国家层面也举办了一系列大学生创新创业大赛。2014 年，教育部、共青团等在原有"挑战杯"中国大学生创业计划竞赛的基础上，决定每两年举办一次"创青春"全国大学生创业大赛。第一届"挑战杯""创青春"全国大学生创业大赛就得到了全社会的广泛关注，大学生的参赛热情非常高。创新创业大赛等创新创业活动在全国范围内如火如荼地举办，从校级到省市级，再到国家级，大学生创新创业活动的内容和形式一直在不断地丰富着，为大学生群体提供了展示创新创业能力的广阔舞台和实践机会，掀起了大学生创新创业的浪潮。

三、构建创新型国家的时代需要

一场全球范围内的创新创业浪潮正在掀起。面对严峻的就业压力，推动大学生创业是一种有效的经济手段。由于多年来我国高校一直在扩招，国民的文化水平和从业技能得到了很大的提高。人们不再满足于简单重复的工作，渴望实现自我价值，同时对社会经济的发展水平提出了更高的要求。作为拥有理论基础、学习能力、创新思维的群体，大学毕业生应该充分地发挥他们的潜能。我国创新创业热潮的引领者们曾怀着一腔热血去创新、去寻求新的发展方向。他们是创新创业之路的开道者，而我国创新创业要想持续稳定地发展，发出更亮的光、更强的热，就应该构建创新创业政策体系，让创新创业者有目标、有方向、有底气、有信心，心里高兴、脚下踏实。2017 年党的十九大报告提出要"加快建设创新型国家"的步伐。创新型国家的建立关键在于技术创新，唯有科学技术才能真正带动社会经济的发展。高校是创新的重要源泉，大学生是 21 世纪的宝贵财富，充分发挥他们的创新创造能力对推动社会经济的发展有着极其重要的意义。改革开放四十多年以来，我国的社会和经济发生了翻天覆地的变化，成为世界第二大经济体。随着经济发展进入新常态，开启了从快速发展到高质量发展的进程。当前一个时期，我国正在构建新型社会，因此我们要不断创新，充分发挥大学生的创新活力，以顺应国家发展的时代需要。

第二节　创新创业政策评估体系的建构

一、政策评估体系综述及其建构规律

（一）单一目标指向到多目标指向的政策评估体系

这是依据建立政策评估指标体系的目标维度进行划分的。通常情况下，单一目标指向的指标体系是直接的结果导向，注重政策实施的效果。多目标指向的指标体系是按照政策实施过程的客观顺序建立政策指标体系。无论是选择单一目标还是多目标，都要根据评估对象的特点。如果是以政策实施效果为评估对象，可以聚焦单一目标并进行指标的深度挖掘和细化；如果是以政策本身作为评估对象，可以建立系统的多目标指向的政策评估指标体系。[①]

（二）以事实评估、事实—价值评估、事实—价值—技术评估为标准的政策评估体系

这是根据建立政策评估指标体系的评估标准进行划分的。第一类以事实标准开展技术创新政策效果测评；第二类将价值标准独立出来和事实标准相并列；第三类评估标准更为完善，只不过对于具体指标内容仍需要展开进一步的讨论和研究。

（三）评估主体一元到多元的政策评估体系

这是依据参与评估的主体的数量进行划分的。第一类仅以学者的视角进行第三方评估；第二类将政策评估主体分为包括政策制定者、政策监督者、政策执行者在内的内部评估主体和包括科技共同体政策直接受众、社会主体在内的外部评估主体。总而言之，实现评估主体多元化是我国政策评估的必然趋势，只是需要深入研究多元评估主体参与评估的具体过程。

---

① 顾玲琍，王建平，杨小玲. 科技人才政策实施效果评估指标体系构建及其应用研究 [J]. 中国人力资源开发，2019（4）：100−108.

（四）建立指标体系的思路和原则为完善性与针对性

学界建立评估指标体系的思路和原则分为五个发展阶段：依据评估对象的特点和政策评估的定义来建立指标体系；相关研究主题的文献在原有文献设立的指标体系基础上不断充实和完善；不同研究主题的文献在互相吸收借鉴的基础上充实完善自身主题的指标体系；各个主题的政策评估指标体系趋同，常见一些文献直接套用以往文献的评估指标体系；一些文献指出建立评估指标体系要在追求完善的同时强调针对性，还要使指标具有针对性。从总体上看，政策评估指标体系体现出差异化—同主题融合完善—异主题融合完善—趋同—求同存异这样一种发展脉络，未来的政策评估指标体系趋于在尽可能完善已有政策评估指标体系的同时，需深入挖掘本主题政策特点，充分反映本主题政策特殊性。

二、我国创新创业政策评估体系简述

（一）我国创新创业政策评估的不足之处

首先，评估系统性不强。政策资源分散导致评估结果"碎片化"。政策内容多，涉及部门多，各部门考核标准不同，难以整合。其次，效果评估多，方案评估少。从创业政策评估的现状来看，更多的是进行效果评估。再次，评估目标单一，缺少基于多目标决策进行的政策评估。最后，动态评估少。既有文献属于静态政策评估，只能对创新创业扶持政策过程中的某个环节进行评估，无法同时对政策的各个环节进行绩效评估。

（二）我国创新创业政策评估研究类型及其进展

从 2014 年至今，文本数量呈现波动上升趋势。主题主要包括创新创业政策整体研究、大学生创业、农民工创业、中小企业创业、区域性创业。其中，创新创业政策评估相关文献较少，一些新方法的介绍还没有应用到创新创业政策评估之中。近几年来，学界开始结合新时期创新创业的新特点来重新审视现有的创新创业政策评估，但是仍然需要系统测度和实证。

（三）创新创业政策评估指标体系的建构模式

根据笔者查阅的大量的创新创业政策评估指标体系建构文献来看，可以把它们分成三种建构模式（见表 9-1）。理论型建构模式基于学界较为普遍认可

the经典理论，以理论包含的具体内容为基础形成评估理论框架，理论严谨，但实用性需要增强；程序型建构模式从政策本身的实际开展程序出发，和现实紧密地结合起来，但是已有的研究并不多；批判型建构模式则在已有理论研究成果的基础上，结合实际和新理论新方法来批判地建构，增加了实用性（表9-1）。

表9-1 创新创业政策评估指标体系建构模式

建构模式	建构内容	已有的研究示例
理论型建构	基于基本概念、要素、理论、模型，确立指标体系框架	从公共政策三要素、从创新型创业基本概念、从 GEM 模型和 MOS 模型出发
程序型建构	基于创新创业政策制定、实施、效果等不同程序，确立指标体系框架	从政策的执行和事后结果出发
批判型建构	基于已有的文献研究提炼共识性指标，结合实践、专家评价、新理论新方法等进行指标筛选和增补，确立指标体系框架	已有文献结合创新创业政策推进实际效果和专家评价

综上所述，学界对于创业政策评估的研究要比创业政策评估的研究多得多，但是两者在政策评估中的绝对数量还不是很多，其评估指标体系的建立还处在探索当中。

三、如何建构创新创业政策评估体系

（一）创新创业政策总目标

笔者根据 2014 年以来国家有关创新创业政策文件的内容，提出我国创新创业政策总目标（见表9-2）。主要的文件有：《国务院关于大力推进大众创业万众创新若干政策措施的意见》《国务院关于强化实施创新驱动发展战略进一步推进大众创业万众创新深入发展的意见》《国务院关于推动创新创业高质量发展打造"双创"升级版的意见》。

表9-2 创新创业政策总目标

序号	目标	序号	目标
1	科技创新支撑能力升级	6	创新创业服务升级
2	科技成果转化应用能力升级	7	促进实体经济转型升级

130

序号	目标	序号	目标
3	创建高质量的创新创业集聚区	8	发展动力升级
4	创业带动就业能力升级	9	人才流动激励机制
5	大中小企业创新创业价值链融合	10	国际国内创新创业资源融汇

（二）创新创业政策评估指标体系建构

创新创业政策评估体系建构坚持以下准则。首先，目标维度多元。采用政策制定—政策执行—政策结果作为目标层来建构创新创业政策评估指标体系，以涵盖政策实施前、中、后的全部过程，保证政策评估的完整性。其次，评估标准多元。采用事实评估—价值评估—技术评估三位一体的评估标准，形成行为与目标、效率与效益、充分与公平相对应的标准体系。再次，评估主体多元。采用内部评估主体—外部评估主体的类别，形成完整的主体结构。[1] 其中，内部评估主体包括政策制定者、政策执行者、政策需求者，外部评估主体包括政策监督者、其他社会主体。最后，评估原则明确。以评估体系完善性和针对性为原则，在力求修补政策评估体系缺失的同时，突出创新创业政策的特殊性。由上可知，创新创业政策评估存在一定的复杂性和多维度性，因此笔者拟设定四级树状式的评估指标体系结构。本指标体系将目标层定为"创新创业政策绩效"，政策评估的基本维度包括政策制定、政策执行、政策效果3个一级指标，在各个指标下面细分为二级指标7个、三级指标33个、四级指标94个。

1. 创新创业政策制定环节的评估

该环节评估政策制定过程的科学合理性，着重考量影响政策执行和政策效果的前期因素。高质高效的政策制定更加有利于政策的执行，避免政策制定不到位、政策交叉重合以及不切实际带来的执行困难，进而影响政策效果。因此，政策制定环节设置政策持续性、政策针对性、政策协同性3个二级指标。

（1）政策持续性。

其包括与上级政策契合度、连续性和完整度3个三级指标，评估新旧政

① 汤明，王万山，刘平. 政策如何促进大学生创业——大学生自主创业扶持政策绩效评价体系研究 [J]. 教育学术月刊，2017（11）：56—61.

策、上下级政策之间的关联及各部门的响应情况。与上级政策契合度由中央和地方创新创业政策文本数量比率来衡量，政策连续性由延续性政策项目占比来衡量，各部门政策完整度由出台具体政策的责任部门比率来衡量。

（2）政策针对性。

其包括政策矫正力度、区域针对性、可操作性、责任分工细度 4 个三级指标，通过客观数据将针对性予以呈现，针对性高的政策可以大大降低执行成本、增加政策成效，因此通过考虑执行成本因素来建构。政策矫正力度由经过评估的政策文本占比、政策不足在新政策中得到矫正的比率来衡量，区域针对性由创新性地方政策占比来衡量，可操作性由包含具体操作步骤的政策占比来衡量，责任分工细度由各部门之间分工明确的政策占比来衡量。

（3）政策协同性。

其包括政策互补性和政策缺失性 2 个三级指标，从各个部门以及供给、需求、环境各个方面提供政策内容。政策互补性由部门之间协同发布的政策占比来衡量，政策缺失性由供给型政策、需求型政策、环境型政策占比来衡量。总而言之，政策制定阶段的指标设计在批判地选取以往文献中的指标外，更加突出政策制定时政策本身和政策宏观目标的契合度、和区域实际情况的匹配度、和政策执行便利度的关联性，而非孤立地评估政策制定的具体程序，增加指标体系建构的系统性，增加影响政策绩效的因素，减去相关性过小的因素。

2. 创新创业政策执行环节的评估

创新创业政策进入执行阶段时，关键是要衡量可能影响执行效果的具体因素，主要从政策环境和政策体系 2 个二级指标来展开评估。政策环境可以衡量政策执行过程所处的外部环境，而政策体系可以衡量具体的促进创新创业政策本身的供给力度。

（1）政策环境包括经济、社会、生态、政治 4 个三级指标，坚持了指标设置的完善性原则。

经济环境主要由 GDP 增长率和人均可支配收入增长率来衡量。社会环境主要由创新创业氛围活跃度、社会信用体系建设项目数和大学生创新创业人数占比来衡量。生态环境由生态产品产值占比和生态政策文本数量占比来衡量。政治环境从政策的宣传、申请的主体、创新创业公共服务、申请流程的知晓度、标准化程度等多方面展开，评估主体包含了政府、企业、公众等多元主体。具体来说，政治环境的四级指标包括政策宣传周期数、政策宣传方式数、申请的主体数量、全国一体化政务服务平台建设情况、市县一级农村创新创业信息服务窗口数、申请标准知晓度、申请程序知晓度、兑现标准知晓度、兑现程序知晓度、先进经验和典型做法等信息获取便利度、各主体对创新创业政策执行满意度、企业开办便利度、标准化程度、政府服务主动性等 14 项。

（2）政策体系评估包含了对税收、政府采购等主要政策的评估，共计三级指标 10 项，并具体化为 19 项四级指标。

税收优惠政策由减税降费额度、新增政策条款数来衡量，政府采购政策由重大创新产品和服务的采购额度占比、订购占总支出比率、招标金额/总支出比率、新增政策条款数 4 个四级指标来衡量，转移支付政策由政府创新创业转移支付总额/GDP、新增政策条款数来衡量，金融政策由金融机构服务创新创业额度占比、新增政策条款数来衡量，技术支持政策由技术服务平台数、获得技术支持的企业数、新增政策条款数来衡量，人力资源培养政策、研发外包政策、贸易管制政策和其他公共服务政策都由新增政策条款数来衡量，法规管制政策由违反法律法规的创业创新案件数、新增政策条款数来衡量。大多以新增的政策条款为单位，较为全面地衡量具体的政策支持情况。总体来说，执行阶段的政策环境评估以定性指标居多，政策体系评估则由定量指标主导。相比于以往研究，笔者对政策执行环节的研究跳出对政策具体执行顺序和步骤等细节的主观评价，从与之密切相关的环境来予以评估，侧面反映执行状况。同时，从政策本身的条款数目来客观且直观地反映对创新创业的支持情况。

3. 创新创业政策效果的评估

政策效果的评估从创新效果和创业效果两方面分别进行，这 2 个二级指标下的三级指标通过紧密结合创新创业政策总目标而设定，将偏离总目标的政策列为效果最差的政策，目标之外的其他收益不列入本政策效果评估指标当中。因此，结合我国创新创业政策总目标，设定 6 项包括科技创新支撑能力、科技成果转化应用能力、实体经济转型升级、首台（套）重大技术装备示范应用、完善知识产权管理服务体系和科技创新服务机构资产产出在内的三级指标衡量创新效果。

科技创新支撑能力由高新技术产业产值/GDP、概念验证和孵化育成等服务平台平均收益、专利授权数量、发明专利数/专利授权数量、自主创新产品数量/总产品数、技术合同成交额、企业所得税支出、科技论文数、商标申请数、研发人员数共 10 个四级指标来衡量。科技成果转化应用能力由高科技产品产值/科技成果量、研发投入增长率、研发投入/GDP、技术转移机构数量 4 个四级指标来衡量。实体经济转型升级由第三产业占比、生态企业数量、单位

GDP 工业污水排放总量、生产制造类企业工匠品牌数 4 个四级指标来衡量。首台（套）重大技术装备示范应用由大型科技企业集团和重点研发机构数量增长率、重大技术装备创新研究院数量、创新创业社区等多种创新创业模式的增长率、中小企业参与重大技术装备研发的比例 4 个四级指标来衡量。完善知识产权管理服务体系由知识产权质押融资金融机构比率、知识产权运营公共服务平台知晓度、知识产权交易市场完善度、战略性高价值专利组合比率、省重点产业知识产权专利比率 5 个四级指标来衡量。科技创新服务机构资金产出由科技开发收入、科技转让收入、科技咨询收入 3 个四级指标来衡量。

同时，设定 4 个包括创新创业集聚区建设、创业带动就业能力等在内的三级指标衡量创业效果。创新创业集聚区建设由创新创业集聚区占地面积、创新创业集聚区投资收益比 2 个四级指标来衡量，创业带动就业能力由新增就业人数/创业企业数、校企/院企双聘科研人员数占比、科研人员参与创业比率、产学研平台个数、农民工返乡创业示范县个数、农村创新创业典型县个数、农村新产业新业态产值占比、新注册企业占比共 8 个四级指标来衡量，人才流动由引进高水平人才数量来衡量，国际国内创新创业资源融汇由跨国研发合作项目数和跨省研发合作项目数来衡量。结合以往的研究成果以及各政策目标的具体内容，将其细化为 30 项具体指标。和以往的文献相比，效果评估指标的设计综合了多个文献中的指标以保证完善性，也突出了指标的针对性，直接与政策总目标相结合，根据其中具体的政策目标任务建构新的指标，保证创新创业效果评估方向的准确性和结果的有效性。

第三节　大学生创新创业政策的内容

智联招聘在其网站上发布的《2017 年应届毕业生就业力调研报告》中显示，2017 届大学生认为目前的就业市场还是不怎么乐观，面临的压力依旧存在，大约有 6.3% 的大学生选择创业，同 2015 年的比例是一样的。在 2014 年 9 月举办的达沃斯论坛上，李克强总理提出了"大众创业、草根创业"。2015 年 3 月，李克强总理在政府工作报告中再一次强调了要通过创新创业来扩大就业，提高人民的收入水平。为了推动创新创业，2015 年 6 月，国务院印发了国发〔2015〕32 号文件——《国务院关于大力推进大众创业万众创新若干政策措施的意见》，提供了一些意见和措施。2018 年 3 月 20 日，李克强总理再次提到大学生的就业问题，并提出要努力做好保障工作，随后人社部便印发了通知，对相关的工作做出部署。无论是中央政府，还是地方政府，都在为大学毕业生提供创业的便利。2018 年 9 月 6 日召开的国务院常务会议对进一步推动"双创"工作做了相关部署，以创业带动就业、带动科技创新、增强产业活力、推动新旧动能转换。在一系列创新创业政策的引导下，"大众创业、万众创新"扩展到我国的各行各业，不仅范围广、辐射面积大，创新创业环境也得到了进一步的优化。大学生加入创新创业的浪潮中来，转变传统的就业思维模型，通过多种途径就业，使就业压力转化为创新创业动力，成为推动我国社会经济发展的新动能。

笔者在查阅了大量的文献资料以后，对国家层面出台的一些促进大学生创新创业的政策、通知进行了汇总（见表 9－3）。

表 9－3　部分大学生创新创业政策、通知汇总

序号	部门	政策、通知
1	中华人民共和国财政部	关于进一步支持和促进重点群体创业就业有关税收政策的通知（财税〔2019〕22 号）
2		关于创业投资企业个人合伙人所得税政策问题的通知（财税〔2019〕8 号）
3		关于科技企业孵化器大学科技园和众创空间税收政策的通知（财税〔2018〕120 号）
4		关于创业投资企业和天使投资个人有关税收政策的通知（财税〔2018〕55 号）
4		关于扩大企业吸纳就业税收优惠适用人员范围的通知（财税〔2015〕77 号）
6		关于推广中关村国家自主创新示范区税收试点政策有关问题的通知（财税〔2015〕62 号）
7		关于支持和促进重点群体创业就业税收政策有关问题的补充通知（财税〔2015〕18 号）

序号	部门	政策、通知
8	中华人民共和国国家发展和改革委员会	国家发展和改革委员会等10部门联合印发《进一步优化供给推动消费平稳增长促进形成强大国内市场的实施方案》
9		国家发展改革委关于做好2019年全国大众创业万众创新活动周筹备工作的通知
10		国家发展改革委关于做好2018年全国大众创业万众创新活动周筹备工作的通知
11		国家发展改革委办公厅关于印发《大众创业万众创新示范基地双创工作经验汇编》的通知（发改办高技〔2016〕2143号）
12		国家发展改革委办公厅关于建立大众创业万众创新示范基地联系协调机制的通知（发改办高技〔2016〕2019号）
13		国家发展改革委中国科协关于共同推动大众创业万众创新工作的意见（发改高技〔2015〕3065号）
14		国家发展改革委办公厅关于做好2015年全国大众创业万众创新活动周组织筹备工作的通知（发改办高技〔2015〕2576号）
15		国家发展改革委办公厅关于进一步做好支持创业投资企业发展相关工作的通知（发改办财金〔2014〕1044号）
16	国务院	国务院办公厅关于加快众创空间发展服务实体经济转型升级的指导意见（国发办〔2019〕9号）
17		国务院印发《关于促进综合保税区高水平开放高质量发展的若干意见》
18		国务院关于推动创新创业高质量发展打造"双创"升级版的意见（国发办〔2018〕32号）
19		国务院关于做好当前和今后一段时期就业创业工作的意见（国发办〔2017〕28号）
20		国务院关于大力推进大众创业万众创新若干政策措施的意见（国发〔2015〕32号）
21	教育部	教育部关于应对新冠肺炎疫情做好2020届全国普通高等学校毕业生就业创业工作的通知（教学〔2020〕2号）
22		教育部关于做好2019届全国普通高等学校毕业生就业创业工作的通知（教学〔2018〕8号）

一、创业教育培训政策

创业教育是创新创业人才培养不可或缺的载体。近几年来，国家大力引导和支持高校开展创新创业教育，已经取得了很显著效果。部分高校建立了创新创业教育学院、创新创业教育研究中心、创新创业指导中心，为大学生提供创新创业指导和帮助；组建了专业的创新创业指导教师团队，自助编写创新创业教材，开设专门的课程供学生选择；开展了"挑战杯""创青春"等创新创业大赛，激发了大学生创新创业的积极性。国家为大学毕业生提供免费的培训，并在资金上给予帮助。创新创业教育培训政策内容主要包含以下几方面。

（一）开设创新创业教育课程

教育部在 2018 年 11 月 27 日下发了《教育部关于做好 2019 届全国普通高等学校毕业生就业创业工作的通知》，提出要推动双创升级，全面深化高校创新创业教育改革，要将创新创业教育贯穿人才培养全过程，把创新创业教育和实践课程纳入高校必修课体系，促进创新创业教育与专业教育有机结合、与思想政治教育深度融合。

（二）开展创新创业实践活动

《教育部关于做好 2019 届全国普通高等学校毕业生就业创业工作的通知》提出，要促进以创业带动就业，促进专业教育与创新创业教育有机融合。强化创新创业实践，办好各级各类创新创业竞赛，着力培养学生的创新精神和创造能力。2015 年 5 月，国务院颁发的《国务院办公厅关于深化高等学校创新创业教育改革的实施意见》指出，高校应注重培养大学生的创新实践能力，不断建立健全创新人才培养机制。

（三）加强创新创业教师队伍建设

鼓励高校聘请行业专家、创业校友、企业家等担任大学生创新创业团队指导教师，鼓励专业教师、实验室教师全程指导大学生进行创新创业。高校要加快建设一支职业化、专业化、专家化的创新创业指导教师队伍，在专业技术职务评聘和绩效考核中充分考虑指导教师的工作性质和工作业绩，予以适当支持。[①] 建立高校毕业生就业创业指导教师培训机制，开展专业培训，鼓励指导

---

① 王辉，吴新中，董仕奇. 效能视域下大学生创业政策优化策略［J］. 科技进步与对策，2015（16）：101－104.

教师到企业挂职锻炼。定期对辅导员、班主任等就业工作人员进行集中轮训，全面提高他们对政策的理解能力和工作能力。2016年下发的《关于进一步做好普通高等学校毕业生就业工作的通知》要求，在对创业大学生进行培训的同时还要加强对创业指导教师的培训。创业指导教师的专业程度直接影响着大学生创业教育的水平，创业导师应指导并帮助学生做出合理的职业规划，使其积极主动地创业就业。

（四）创设大学生创新创业实践平台

高校要加强大学科技园、创业孵化基地等创新创业平台的建设，为大学生创新创业提供场地支持。例如，华师科技园建设了大学生科技创业基地（大学生创业特区）和大学生科技创业见习基地。2015年，华师科技园被湖北省科技厅评为湖北省新型创业平台众创空间，2017年被武汉市人社局评为武汉大学生创业基地。目前已建成 1000 ㎡ 的大学生科技创业特区和大学生创业见习基地，设置了 80 个办公卡座，供大学生创新创业，并组织在校大学生和有意创业的大学毕业生进入华师科技园创业特区和创业见习基地进行科技创业和创业见习。华师科技园为大学生创业企业和创业见习的大学生提供了优惠的场租和个性化的服务。

二、创新创业财税金融政策

经历了几年蓬勃发展的创新创业，对于资金的需求依然是一个亟待解决的问题。大多数企业的创建初期需要较大的资金投入。企业的创建是基于不确定的新市场机会，投资者由于对该新市场机会的价值认识不足、对创业者能力的认识不足以及持续的资金投入带来的财务风险等导致融资困难。2006年国家出台政策，旨在构建健康的金融环境。国务院和办公厅在对创业工作做出指导时规定了一些创业过程中的细节问题。例如，项目申请登记、优惠、流程上的便利等。财政部和国税局鼓励各大投资机构和大型企业加大对创新企业的投资。2010年人力资源和社会保障部对创业的实施提出要多些优惠政策，提供多的指导。创业证指的是就业创业证。各部门针对该证提出了多项创业优惠、便利政策，包括税收、社保、资金帮助、贷款等方面。各省市也根据自己的情况制定了相应的政策。

（一）创业基金政策

例如，某省市本级和区县财政每年都会拿出 4000 万元设立大学生创业扶持奖励资金扶持大学生自主创业。合乎条件的大学生创业项目，最高可获得20万元无偿资助。

（二）税收优惠类政策

大学生自主创业3年内，同级财政采取先征后返的方式减免其营业税和个人所得税的地方所得部分，市属行政事业性收费全免；经评定为成长性好的项目，可继续享受2年政策优惠。大学生自主创业3年内申请专利、商标、软件著作权等无形资产的，由纳税地知识产权部门对申请费用给予全额补贴。

（三）创业贷款类政策

申请财政贷款贴息的，可获得期限一般不超过2年、总额度最多10万元的年贴息。大学生自主创业的，可到户口所在地有关部门申请最高5万元的小额担保贷款。大学生合伙经营或者组织起来就业并具备一定自有资金和相应条件的，可按其吸纳人员人均5万元以内的额度给予担保贷款，最高为50万元。对大学生自主创办的新兴项目，根据企业规模可给予最高200万元的小额担保贷款扶持，财政按贷款基准利率的50%给予贴息。

（四）准入门槛优惠政策

在放宽创业准入条件的基础上，对大学生自主创业工商登记注册免收登记类、证照类收费，并设立大学生创业注册登记绿色通道，凡大学生注册登记非禁止、非限制类发展项目且无重大要件缺失的，实行即到即办。

三、创新创业免费服务政策

创新创业的过程中一定会遇到许多复杂的问题，而创新创业服务能够为创新创业的大学生提供基础保障。在校期间，创新创业指导中心能够为有创新创业意向的大学生提供必要的指导和帮助。大学生在毕业后进入创业期，需要来自不同角度的指导，这就要求全社会能够形成一个完善的创新创业服务政策体系。目前，在创新创业服务方面，已经形成了一些服务框架。例如，在资金筹集方面。首先，政府是大力支持各机构为创新创业的大学生提供资金支持的；其次，政府鼓励银行和金融机构以不同的形式来满足创新创业大学生对资金的需求。① 在创新创业技能培训方面，政府扩大了创新创业文化的影响范围，积极解读和宣传各种创新创业政策。邀请专家和企业家与广大的大学生创新创业者交流创新创业经验，为他们在创新创业过程中遇到的问题出谋划策。各级政府部门对创新创业大学生和他们创办的项目、企业给予极大的关注，关心他们的发展。

四、创新创业文化培养政策

创新创业文化是目前我们所处的社会的一种普遍的文化共识，在加快完善社会主义市场经济的背景下，大学生在创新创业的过程中逐渐成长，他们所积累的积极向上的社会创新价值观和道德观念主导着他们的思维方式和行为模式。良好的创新创业文化能够激励大学生团结互助、独立自主、艰苦奋斗、勇于面对失败和敢于创新，以推动国家经济的发展。良好的社会创新创业文化引导和鼓励大学生通过努力拼搏实现自我价值和社会价值，进而推动一个民族的创新活力。目前，社会各界都在为大学生提供良好的创新创业环境。政府支持大学生进行创新创业，鼓励并组织全国性的大学生创新创业大赛，提倡高校和企业为大学生提供一个展现创新创业才能的平台，同时也是为企业提供一个挖掘创新想法的机会。高校大力提倡和帮助大学生进行创新创业，组织各类创新创业活动，加大校企合作力度，为大学生提供创新创业的实践机会。社会各界大力宣传创新创业文化，构建了良好的创新创业文化氛围。

第四节　大学生创新创业政策的建议

一、健全我国大学生创新创业政策

（一）完善教育培训政策

1. 提供创新创业教育和培训

大学生在学校的时候有很方便的教育培训机会，当他们处在创业期的时候

---

① 夏清华，易朝辉. 不确定环境下中国创业支持政策研究［J］. 中国软科学，2009（1）：66－72.

也需要接受教育和培训，更新创新创业知识，提高创新创业技能，因此，需要政府为创新创业的大学生提供不间断的创新创业教育培训机会。高校可以通过构建一个专门的创新创业教育培训体系，将资源进行整合，搭建创新创业大学生学习通道，让他们能够方便、快捷、全面地了解所需的创新创业知识和获得相应的培训。与此同时，大学生在面临就业的时候，高校可以为选择创新创业的大学生提供创新创业教育培训补贴。政府、高校、社会三方可以展开协作，从不同的方向对大学生创新创业教育培训工作进行完善。

2. 不断完善大学生创新创业政策和法律

大学生创新创业的行为应该受到法律的保护，但是如果他们没有一定的法律常识，那么他们在创新创业的过程中势必会经历一些麻烦。大学生初入社会，对于一些事务并没有清晰的认识，把握得也不是很准。如果他们触及了法律的红线，那将会给自身和企业带来严重的影响。因此，我们需要增强创新创业大学生的法律意识，严格按照法律办事，同时学会用法律来保护自己。另外，目前有关创新创业大学生的法律还不是很健全。创新创业的内容和形式正在不断地丰富和变化，随之而来的企业法律纠纷问题也越来越多，这些纠纷是法律不曾涉及的，因此需要不断加以完善。与此同时，我们还要为大学生创新创业者提供必要的法律咨询服务和培训，为他们的创新创业之路提供更多的保障。

（二）加大财税金融政策扶持力度

1. 降低创新创业市场的准入门槛，简化办事流程

过高的市场准入门槛会在无形中让大学生创新创业者形成心理障碍，产生恐惧心理，降低对创新创业的热情和积极性。资金被认为是影响创新创业最大的阻碍，因此可以通过降低初始注册资金来降低市场准入成本，鼓励不同类型的出资方式。政府可以提供平台、提供资金支持、提供生活补助。政府在融资方面可以出台一些相应的政策，让创新创业的大学生能够享受到更多的优惠，帮助他们筹集到更多的创新创业资金，为他们解决燃眉之急。

2. 完善创新创业财税金融政策

由于资金短缺一直是大学生在创新创业的过程中遇到的最大阻碍，政府应该不断完善与大学生创新创业相关的财税金融政策。首先，认真梳理大学生的

创新创业资金，鼓励他们先自筹资金，对于所需的一些硬件设备可以采用租赁的方式。放宽大学生创新创业贷款的条件，扩大贷款担保业务的范围，简化贷款审批程序，在严格把关创新创业项目的同时，对于那些发展前景好的创新创业项目优先放贷。① 要从多方面对大学生创新创业项目的融资规模进行评估，既不能太大，也不能太小。在有效降低融资风险的同时，还要考虑项目本身的发展潜能。根据企业发展的实际进行合理融资、有效融资。当然，金融机构也要不断降低初创企业的融资成本。

（三）共建创新创业免费服务平台

首先，在创新创业服务方面提供更加便利、简洁的办事流程。例如，大学生在进行项目申报时，中间的立项、审批、办理等一系列流程应该更加顺畅。增强服务意识，为创新创业大学生提供更加公平、公正的创新创业环境，不断转变观念，提高服务意识；提升办事效率，优化办事流程；完善相关投资权益保障制度；构建良好的政策环境；实现精准服务、有效服务，形成周期性的生态化服务体系。细分创新创业行业，设立创新创业基金。其次，以政府为依托扩大创新创业平台。由政府提供符合当前发展实际的行业发展大方向，借助院士工作站、重点实验室等平台，为创新创业大学生分拨部分资金。和高校、企业有机结合起来，做到产、学、研结合，提高大学生创新创业的能力。再次，做强做实大学生创新创业指导中心。为有创新创业意向的大学生提供一个较好的交流平台，配备专业的指导教师为他们提供切实可行的创新创业指导。对创新创业感兴趣的大学生相互交流经验，激发彼此的创造力和积极性。最后，将创新创业服务社会化，发动社会对创新创业的推动作用，让更多的人参与创新创业体系的建设。以政府为主体进行引导，鼓励群众为创新创业政策的制定提供宝贵意见。让专家学者、成功的企业创业人士、政府职员等参与大学生创新创业咨询服务工作，建立大学生创新创业咨询服务和教育培训指导中心，推动政策的落实，提高政策实施的效果。各行各业还可以以此为平台相互交流，共同推进创新创业事业的发展，推动社会经济的发展。

（四）加大创新创业宣传力度

笔者对所在城市 20 余所高校的近 300 名大学生就是否了解创新创业政策

① 闫薇，刘铭菲. 大学生创业金融扶持现状与对策思考——基于吉林省 5 所高校的实证调研 [J]. 中国大学生就业，2017（3）：34—38.

做了一次调研。从调查的数据来看，有11.23％的大学生根本就不知道有哪些创新创业政策。可见，对于大学生创新创业的宣传工作，我们还有进一步提升的空间，如在新闻媒体上发布相关优惠政策，定期播放优秀大学生创新创业案例。在激发大学生创新创业热情、扭转就业观念的同时，也要让社会、让大学生的家长认可大学生创新创业。推动和促进各创新创业平台之间的沟通和交流，形成良好的创新创业氛围。借助互联网平台，加大对创新创业的正向宣传力度。高校可以邀请创业成功的校友回校讲授创业的成功经验。社会成立相关组织，通过各平台传播渗透创新创业讯息，分享成功的创新创业案例，营造良好的创新创业氛围，激发大学生创新创业的兴趣和积极性，增强他们创新创业的信心。针对大众讨论的创新创业政策的焦点问题，中央和地方政府要通过互联网、电视等媒介及时做出解释，让广大群众了解政府对大学生创新创业的帮扶。对政策的宣传要成体系、要不断更新，从国家到地方，将各类政策进行汇总分类，分阶段、分群体地进行宣传，建构逻辑清晰的系统性创新创业政策学习体系。对于新出台的创新创业政策要及时宣传和解读。

二、推动大学生创新创业政策的有效实施

（一）构建创新创业政策实施系统

为了更好地落实大学生创新创业政策，应该建立一套从中央到地方，从国家到地区，从政府到高校再到社会的三位一体大学生创新创业政策实施管理系统。不断完善大学生创新创业政策，增强各机构之间的合作，推进简政放权、放管结合、优化服务改革工作。构建长效机制，从师资到社会组织，为创新创业大学生提供长久的支持和保障。建立指导师资库，制定贯穿全创业周期的扶持政策。细分政策实施管理系统，分别规划不同的政策实施体系。例如，对于创新创业大赛中优秀的项目，在政策制定中应该充分考虑这类比赛或者平台对大学生创新创业发展的推动作用，要有针对性地开展实施方案，让这些项目都能够成功落地。

（二）建设大学生创新创业云平台

为了更好地实施政府的政策、发挥平台作用，我们应该建立一个智能化、生态化、综合性的创新创业平台，借助互联网技术，构建大学生创新创业云平台。从国外的成熟经验来看，我们可以通过互联网把政府、高校、企业、社会组织、家庭等连接起来，对资源进行整合，共同打造智能高校和有着丰富资源

的大学生创新创业平台。作为高科技发展的源头之一，高校有着得天独厚的优势，可以把科学研究成果申报成专利为大学生提供一笔资金，同时对大学生从事创新研究也是一种鼓励。另外，高校也可以将科研成果转化成创新创业项目。要不断扩大高校的自主权，最大限度地发挥它们的创造潜力，鼓励它们积极参与创新创业，以便创造更多的社会效益和经济效益。

（三）创新创业政策的实施更具针对性

创新创业政策不只是针对大学生创业的初期，而是要贯穿在整个创业阶段，并且不同时期的政策应该是不同的，这样才能够保障创业企业的长远发展，保障大学生创新创业政策的均等性和稳定性。一般来说，创业企业需要经历四个阶段，即初创期、生存期、发展期、成熟期，不同时期需要的扶持政策是不同的。处于初创期，应该注重于激发创业者的创业热情和创业积极性，增强信心，从资金上提供帮助，在流程上适当简化；处于生存期，应该关注企业的长期成长，在税收方面给予优惠，同时应该对创业者开展定期培养，以帮助企业继续维持和更好地发展；处于发展期，初创项目的创新在市场中的优势逐渐减弱，此时企业需要不断注入新的元素，产、学、研结合，加入更多资本，做好风险规避，用好法律屏障；处于成熟期，应该明确企业定位，政府在专利等方面给予保护。形成全周期的保护屏障，让创业者感受到政府的关心和关怀，免除创业者的后顾之忧。

三、加强大学生创新创业政策的监督力度

（一）完善大学生创新创业监督机制

动员全社会的力量，对大学生创新创业活动和政策的实施进行监督。为了保障政策的实施效果，应该严格把控政策的落实情况，使政策真正发挥作用。同时，确保政策的公平性，以增强大学生创新创业者的信心，提升他们对创新创业政策的满意度，提高创业的积极性。尽管政府出台了很多的优惠政策，但是从落地实施的效果来看还有不尽如人意的地方。因此，要不断完善监督机制，改善政策落实的效果。

（二）利用反馈机制提升政策实施效果

形成意见反馈机制，大学生根据实际创新创业过程中遇到的问题，结合政策内容，向政策制定机构提出建议，政府根据实际情况进行相应修改。根据实

施计划和内容，动态调整落实方案，地方上做好有效衔接。创新创业政策、创新创业市场、创新创业活动协调发展。政策的实施随着市场的发展做出及时调整，充分考虑创新创业大学生的现状和发展需求，真正实现生态化的政策实施系统。积极调整扶持政策，做好大学生创新创业的组织保障。让创新创业大学生群体也能够积极参与创新创业政策的制定、实施、监督。

第十章　大学生创业园的建设和运营

第一节　大学生创业园综述

一、什么是大学生创业园

大学生创业园是一种介于市场和企业之间的新型社会经济组织，它通过为大学生提供研发、生产、经营的场地和办公等方面的共享设施，系统的培训和咨询，政策、法律、市场推广和融资等方面的支持，降低大学生创办企业的成本和风险，提高创业项目的成活率和成功率，加快创业企业的创业速度。大学生创业园的服务群体主要是在校大学生创业群体，同时其本身也是高校的重要组成部分。[①] 大学生创业园按照投资主体分类，一般有以下四种类型。

（一）政府投资的大学生创业园

此种类型的大学生创业园由政府投资创立，实行企业化管理，重点在于扶持大学生创业就业，不强调直接的经济效益，是政府社会化职能的一种延伸。

（二）企业投资的大学生创业园

企业在高校或者科技园区投资建设大学生创业园，支持有发展前景的科技项目的孵化，孵化成功以后通过投资入股或者收取相应孵化费用的方式盈利，主要考虑经济效益。

（三）高校投资的大学生创业园

高校有着非常丰富的人才储备，聚集了大量的实验设备和技术成果，拥有

---

① 唐英千. 高校学生创业园发展规划方案 ［J］. 中国新技术新产品，2009（14）：227-228.

一批经验丰富的专家教师。高校创立大学生创业园的主要目的是发挥自身的技术优势和人才优势，解决就业问题和创业实践问题，不强调直接的经济效益。

（四）多元化投资的大学生创业园

政府、企业、大学、科研机构等合资创立的大学生创业园，是政府、产、学、研、资金相结合的一种形式。政府投入科技经费，并实行优惠的创业园政策；企业投入资金、管理经验；大学和科研机构投入经营场地、人才、科技成果等。此种类型的大学生创业园实力雄厚，比较灵活，抗风险能力强。

二、大学生创业园的作用

（一）孵化作用

针对大学生创业园，邀请著名学者和知名企业家在高校举办创业专题讲座，集中培训有创业需求的大学生，帮助学生选择合适的创业项目，对申请进入创业园的创业项目实行严格的评审制度，从而选拔出优秀的创业项目入驻大学生创业园，并为入驻项目提供政策、法律、金融、技术等一系列咨询服务。同时，对创业园内高科技类创业项目进行专门的企业孵化，根据孵化企业所处的不同阶段提供相应的孵化服务措施，在人力资源、财务管理、法律咨询、投资融资等方面给予企业帮助，在大学生创业园内形成良好的企业孵化环境，从而有效地提高创业企业的存活率和成功率。

（二）创业文化引领作用

创业文化指的是在一定时期内形成的进行创业活动的创业者和潜在创业者的价值观和创业精神。创业文化的特点体现在：首先，不仅影响人对创业的主观看法，也影响外部的创业客观环境；其次，创业文化强调整体氛围，并且能得到群体的认同和共享。大学生创业园形成创业文化后能够影响大学生创业群体，引导创业者以对市场需求和自身创业条件的把握为基础，以经营资源为手段，以积累财富并实现个人价值为创业目的，以个人或者团队为主体进行创业活动。在浓郁的创业文化的熏陶下、敢于创新的创业精神的感召下，参与创业的大学生会越来越多，而且由于这种创业文化的传承，大学生创业园也可以实现自身的可持续发展。

（三）产、学、研结合作用

大学生创业园通过对高科技创业项目的企业孵化可以把高校科研成果转化为实际的生产力，同时通过相应资金投入创业项目可以从资金方面保证高校科研成果的转化。此外，大学生创业园还能为培养适应社会需求的高素质的创新创业人才提供有效平台。通过产、学、研的结合，大学生创业园可以作为高校科研成果的转化平台，大力发展校企合作，实现合作企业的技术创新，提高企业的技术能力，从而促进地方经济发展以及产业结构的转型升级，再通过资金、技术、管理经验等反哺大学生创业园的发展，最终做到多赢。

（四）勤工助学作用

大学生创业园针对在校家庭经济困难学生提供勤工助学岗位，一方面可以解决创业园内初创企业用工难的问题，降低企业的劳动力成本；另一方面可以解决贫困学生的学费、生活费问题，为部分学生的求学之路免除后顾之忧。

三、大学生创业园存在的问题

随着国家和高校越来越重视大学生创新创业教育，大学生创业园的建设初具规模，大部分高校都根据自身的特点建设了大学生创业园，而且很多高校的大学生创业园取得了重要的教育成果。由于我国大学生创业活动起步较晚，高校在大学生创业园建设方面经验不足，导致大学生创业园存在一些问题。

（一）高校的问题

1. 大学生创业园的目标定位不明确

首先，国家对各高校提出了明确的任务和要求，在时间紧、任务重、没有经验可以借鉴的情况下，很多高校都是先建立创业园，完成"有"的目标。由于一些高校在建设大学生创业园时没有明确的定位，忽略了自身特点，盲目追求创业园的"大"和"全"，最终导致创业园不能适应本校大学生创业实践的要求。其次，部分高校在创业园建设中注重大学生创业的成功率和经济效益，以创业园产生的经济效益来衡量相关管理部门的业绩，违背了培养和提高大学生创业能力的初衷。

2. 大学生创业园的相关配套不健全

首先，国家出台了大学生创业园内的相关创业优惠措施，但是由于全国各地的具体情况不同，经济发达地区的相关政策落实得很好，其他经济欠发达地区在落实相关政策时就"打了折扣"。因此，在大学生创业园建设中不仅需要国家从宏观层面出台相关的政策、法规，还需要各级地方政府和相关部门出台落实相关政策的配套措施，为大学生创业活动提供政策保障。其次，大学生创业园建设还要解决"建"的问题。高校在创建大学生创业园的过程中忽略了为大学生提供创业信息、创业培训、创业服务等环节，影响了大学生创业的效率与质量。最后，由于大学生的创业资金来源单一且人数众多，尽管国家对大学生创业的资金扶持总体力度很大，但是对个人的资金扶持力度很小，加上大学生还处于消费阶段，没有太多资金用于创业。因此，资金问题成为阻碍大学生创业实践的最大难题。

3. 大学生创业园缺乏科学的管理机制

大学生创业园的管理和运营是一个系统工程，包括创业项目计划的制订、创业风险的预测和规避、创业信息的提供和利用、创业服务的提供和创新等一系列过程。因此，大学生创业园的管理者不仅要熟悉国家的相关政策、方针，为创业园的健康发展提供必要的支持，还应具备经济管理知识和市场运作经验，通过不断创新来保证创业园适应大学生自身不断发展的要求，使创业园走上良性快速发展的轨道。在大学生创业园的实践中，很多高校的创业园由招生就业处代管或者创业大学生自主管理，对创业大学生没有必要的指导和培训，缺乏总体的统筹和协调，未能建立起科学的管理机制，导致大学生创业园的管理较为混乱。

（二）创业大学生的问题

1. 自身能力不足

首先，大学生正处于不断完善和提高的过程中，知识结构相对单一，知识面比较狭窄，而在整个创业过程中需要管理、经济、法律、营销等知识，其知识能力明显不足；其次，大学生缺乏相应的市场运营经验，社会实践能力明显不足；最后，大学生的心理还没有完全成熟，其承受风险、抗挫折的能力相对较弱，难以适应创业过程中的起伏波折。由于创业者自身能力的不足，创业项目选择不科学、项目计划制订不完备、项目推进缓慢、项目流失率高等问题频频发生，这从根本上影响了大学生创业园的发展进程。

2. 资金来源单一且利用率低

首先，大学生的创业资金主要来源是国家补贴和家庭，资金极其有限，很难维持创业公司的正常运转；其次，由于大学生创业项目相对不够成熟、缺乏特色，因此在社会和资本市场进行融资的可能性微乎其微；最后，大学生缺乏必要的资金运作经验和手段，很容易出现资金浪费和利用率不高等问题。

3. 营销技术不成熟

大学生创业不仅要生产产品，还要销售产品，并最终获得社会和消费者的认可。由于大学生对市场信息的了解不够充分和全面，生产的产品市场前景并不乐观。与此同时，大学生由于缺乏必要的营销技巧，导致生产的产品在与同类产品的竞争中始终处于劣势，很难快速占领市场。而且大学生创办的公司规模都比较小，难以提供完善的售后服务，这也是导致公司发展缓慢的重要因素。

第二节　大学生创业园生态系统的建构

一、概念综述

（一）创业过程和环境的生态学概念框架

1996 年，斯皮林（Spilling）第一次提出了创业生态系统不仅是一种受外部影响的全新创业环境形态[1]，使技术、信息、资金、人才等各种生产要素在创业主体和创业环境之间相互流动、交换，也是一种具有自身特征的创业集群行为表现，使创业主体之间的关系超越市场合作但低于企业组织，在行为模式、文化规范、发展理念等方面互相认同。在创业生态系统的形成和发展过程

---

[1]　项国鹏，宁鹏，罗兴武. 创业生态系统研究述评及动态模型构建 [J]. 科学学与科学技术管理，2016（2）：79-87.

中，各种创业信息、能量和物质在外部环境和内部要素之间交流，创业主体数量由少数到大众、主体种类由单一到多样、主体关系由简单到复杂。美国百森商学院研究发现，完备的创业生态系统能够促进创业成功和扩大就业。2011年，伊森伯格（Isenberg）将促进创业的政策和领导、对风险投资有利的市场、高素质的人力资本、制度和基础设施体系的支撑、适宜的融资条件和有益的文化作为创业生态系统的六大构成要素。

（二）大学生创业园的创业生态系统结构

近年来，大学生创业园由于缺乏实际需求和项目支撑，面临社会大众的质疑与诘问。创新创业背景下大学生创业园的存在和发展迫切需要新的理论指导和支持。因此，从创业生态学角度来看，大学生创业园既是创业生态系统的重要载体，又是重要的组成部分，企业、金融机构、高校和科研机构、中介组织、政府等主体在其中纵横交错、互动演化，政策引导、金融服务、产学合作、创新创业教育等创业要素围绕创新创业政策优化配置、相互嵌套，具有鲜明的生态系统属性和范式。笔者以伊森伯格的创业生态系统模型为分析框架，重新审视大学生创业园的构成要素和功能定位，从而激发其内在活力和生命力。

1. 政策引导和市场作用

自"大众创业、万众创新"理念提出后，政府在顶层设计、机制体制等方面做出了巨大推动，国务院、教育部先后出台了一系列围绕大学生创新创业的扶持激励政策，如《关于深化高等学校创新创业教育改革的实施意见》《关于做好2019届全国普通高等学校毕业生就业创业工作的通知》等，为大学生创新创业指引方向、清障搭台，支持力度和推进速度前所未有。但是，政策和制度中缺乏关注创业绩效的考评机制，弱化对金融机构、大型企业、中介组织等主体的市场激励，在一定程度上制约着市场机制筛选出高质量、高成长性的初创企业。大学生创业园鼓励扶持创业仍然需要遵循市场逻辑和经济规律。首先，要有效整合政策优势，将政府参与的行政化干预方式转变为市场化运作方式，使创业政策由"帮小扶弱"化为"激发活力"；其次，要充分发挥市场作用，将创业导师、创业投资者、专业技术及产业主体的"创业知识"转换为"创业资源"，实现政、产、学、研之间的深入互动与合作。

2. 人力资本和文化规范

国务院在 2015 年印发了《关于发展众创空间推进大众创新创业的指导意见》，要求充分利用大学科技园和高校、科研院所的有利条件，鼓励科技人员和大学生创业。人才是大众创业、万众创新的主力军，将大学生创业园打造成创新创业主阵地首先要解决的是育人问题。新时期的大学生创业园要为创客们提供施展才干的空间，更要开设创新创业教育理论和实践课程，为每个大学生注入创新精神和创业能力。大学生创业园要鼓励创客角色多元化、个性化，特别是要建立高校科研工作者创业机制，推动高校、研发机构、科技服务机构与高新技术企业建立协同创新联盟，打通科技成果转化渠道，实现产、学、研一体化，培育科研型企业家。大众创业，教育先行；万众创新，文化先行。大学生创业园要积极营造开放包容、合作共生的"双创"文化与氛围，大力倡导"敢为人先、宽容失败"的创新文化，鼓励各种敢于创新并付诸行动的创业项目。同时，营建"协作开发、资源共享"的创业精神，让创业者之间自由共享经验、知识与项目等创业资源。

3. 资金支持和平台整合

创业融资是实施创业计划的关键环节，以高校为主体的大学生创业园具有公益性、非营利性等特点，而且我国目前的天使投资、股权众筹等创业融资机制的发展滞后于创新创业浪潮，融资困难严重制约大学生创业园的有效发展。"双创"的提出将优化金融服务、拓展融资渠道，作为"众创空间"实施载体的大学生创业园要盘活政府创投引导基金和利用财税优惠、互联网股权众筹融资机制、区域性股权交易市场、知识产权质押等政策优势，从创业项目的构思设计到落地生根都提供资金支持，为创新创业提供强大的资本动力。大学生创业园要充分利用互联网、开源技术平台降低创业成本，吸引更多的创业者加入，使大学生创业园成为创业资源集聚空间与创业基础设施平台。大学生创业园正在向市场化、专业化、集成化的"众创空间"转变，要实现创新与创业、线上与线下、孵化与投资相结合，使资本、人才、信息等生产要素在创业园内部得到充分流通与转化，为小微创新企业的成长和个人创业提供低成本、便利化、全要素的开放式综合服务。

二、大学生创业园案例的创业生态学描述与分析

2014 年 11 月，K 大学大学生创新创业基地获批为某市大学生创业园，K

大学以某市大学生创业园的建设为抓手，积极聚焦工作重点环节、聚集各方工作资源、聚合多支工作力量，努力打造集培训、孵化、研究、服务为一体的创业生态圈，不断建构、完善大学生创新创业教育和实践体系，有效实现推进学生创业与促进学生就业的双向互动。

（一）创业支持生态圈：以顶层设计融合政策优势与区域特色

市场化环境下的创业实践需要增强高校与政府、社会、企业等主体的协调联动；对地区性大学生创业园建设来说，只有把地方产业结构、经济转型与"双创"结合起来考虑，鼓励具有地方特色和发展价值的创业项目加入，"双创"才可持续发展。因此，K大学积极建立大学生协同跟进创业机制，把政府、社会、企业等和创业密切相关的资源注入基地运作中，更好地为学生创业服务。首先，政府学校对接，落地落实创业扶持政策。在某市创新创业教育过程中，由创业园具体负责创新创业课程培训，某市人社局等政府部门的资源充分运用于创新创业教育中，某市的××大学生创业论坛、大学生创业大赛等市级重要创业大赛和活动都由园区承办，积极宣传、落实某市创新创业的相关政策。其次，校区园区联动，打造多维创业孵化基地。校内建成以创业社团传承机制为特色的常春藤大学生创业社区，与某市创意产业园联动形成以文化创意项目为特色的孵化基地，与红星美凯龙联动形成以家装设计为特色的孵化研究基地，与某市科教城大学生创业园联动形成以研发为特色的孵化基地。

（二）创客文化生态圈：以众创精神引领创客行动与创业潮流

培育创新创业文化是大学生创业园自身改革与发展的内在要求，既要打造具有众创精神的文化符号与品牌标志，又要开展面向全体学生的创新创业教育。某市大学生创业园在优化和完善实体机构建设的基础上，更加注重打造独特的创新创业文化。首先，辐射全市，提升创新创业整体氛围。创业园积极承办市级创新创业活动，每年承办某市"大学生创业论坛""创业行家进校园活动"等，积极组织学生参加市人社局主办的大学生创业项目对接会，参与的大学生总计12000多人次。这些活动不仅提升了K大学校内的创新创业氛围，而且点燃了某市大学生的创新创业激情。其次，立足学校，打造创新创业"跟进式"工作体系。创业园以学校的"挑战杯""创青春"等竞赛为龙头，每年开展科技学术节、创业文化节、创业沙龙等创新创业活动300余项，引导学生积极参加创新创业教育活动。设立创新创业基金，以创新项目引领创业实践，引导和鼓励大学生参加创业系列实践活动。依托校内优势学科和专业，开设创业思维沙盘模拟、创业信息化管理、创业财务管理、创业法律基础等与创业实践紧密结合的课程。

（三）创业资源生态圈：以协同创新整合创业网络与分享机制

某市大学生创业园注重整合优势资源，逐步构建政府、学校、社会企业开放共享的创业资源生态体系，为创业项目和创业学生的发展提供良好的支持环境。首先，培育多元团队，跟进创业指导。精心构建多元、智慧的创业导师团队，聘请金融、法律、财务、营销、人力资源等方面的专家学者和创业成功的企业家、职业经理人、政府人员等50多位专业人士担任大学生创业成长顾问，积极组织专家和顾问为大学生创业提供各类专业服务。其次，开设创业诊所，解决创业难题。创业诊所板块的划分和设置直接针对创业不同时段可能出现的多元问题进行先期诊断，分段应对。根据不同学生类型和创业的不同阶段设置服务对象、内容，通过创业体检、分类问诊、同行问诊、创业疗吧等精细服务，帮助大学生创业者解决在实际运营中遇到的各种问题。最后，协同各方资源，跟进创业服务。设立创新创业一站式服务，定期邀请政府有关部门和学校有关部门入驻，为学生提供政策咨询、资金申报、专利申请等咨询和指导，成立校友创业基金和校友创业人才智库，组织创业优秀校友为学生创业项目提供资金扶持和智力支持。

三、"互联网＋"时代下大学生创业园与创新创业教育的融合

针对创新创业教育的现状，结合目前"互联网＋"时代背景，创新创业教育必须要与"互联网＋"结合起来，才能抓住机遇，顺应时代潮流。同时，创新创业教育要与大学生创业园结合起来，才能让知识转化为行动，也只有通过大学生创业园与创新创业教育的有机融合，才能够实现创新引领创业，创业带动就业，帮助大学生实现高质量就业与创业。

（一）顺势而为，营造开放式的"创新生态"

高校可以成立大学生创业园，通过创业资格审核的学生可以在园内进行独立创业实践，也可以与园内入驻的一些企业联合进行创业实践。在创新创业教育上，高校应该打破教学资源与专业课程的固有边界与结构，建立按需选课、交叉选课以及跨专业选课的开放式创新课程体系。依托互联网建立开放式网络课程教学平台，将创新创业教学课程、专业课程的核心知识、课程与课程之间重要衔接点都放在在线平台上，学生能随时随地进行学习。在进行创业实践的

过程中，学生可以通过互联网查询各类课程信息，在这些信息中筛选出对创业有益的进行重点学习，完全实现了知识的开放化和生活化。创业园内的创业小组凭借开放性创新学习平台，依托互联网，开办微商平台。高校大学生创业园中的"零距离"工作室与一些公司合作，使大学生创新创业真正走上了社会；通过树立榜样可以带动更多的学生投入创业实践中来，形成良性的"创业生态"。笔者认为大学生创业园本身就应该成为一个社会的"知识源"和"信息源"，借助"互联网＋"的手段与思维，由内而外地进行创新生态的延伸，由学习者转变为实践者，由从业者转变为创业者，由被动学习转变为自主学习。学生从创业园做起，先服务校园师生，进而服务周边，最终走入社会成功创业。

（二）转变观念，大力发展"众创空间"

在政府大力推进"互联网＋"创新创业的背景下，国内涌现出了很多如创客空间、创新工场等新型的"孵化器"。高校如何顺应时代潮流，转变观念做好创业孵化工作也是需要研究的重要课题。高校要重视大学生自主创业与深化"互联网＋"创新创业教育的结合发展，通过创建创业论坛、建立创业园区、举行创业竞赛、树立创业典型等，实现创新创业教育的可持续发展。与此同时，通过大学生创业基金项目的筹建，启动"互联网＋众创空间"大学生创新创业园的建设，引入一些有意愿进行投资合作的企业，为学生创业团队提供资金支持和创业指导。通过一站式服务，将大学生创业成果直接在园内进行孵化，然后再推向社会、推向市场。"互联网＋教育"下的创新创业教育，并不是简单地去解决学生教育问题，而是在完成教育教学任务的过程中为大学生搭建一个更适合其发展的平台，服务于一个更长远的目标。高校可以与公司进行合作，在大学生创业园中搭起"创客"平台，开设针对性的创业培训，为大学生创业团队提供资金支持和技术服务。通过不定期地举办一些线上和线下的创意竞赛，获胜者可以优先将其创新成果在合作公司进行实践转化，形成了教育与实践的有机融合，让学生的创意、创新可以直接转变成企业的价值，也帮助学生逐步完成从"学生"到"创客"的转变。高校还将进一步加大对学生创客的支持力度，从知识、资金、场地等各方面为学生提供创业支持，大力发展"众创空间"。

（三）寻求突破，找好培养创新人才的"着力点"

首先，兴趣是最好的教师，只有以兴趣为导向，才能真正实现专业与教育的融合。大一年级的学生在完成创新创业课程学习后，轮流进入创业园参观学习，并有机会在园内实习。在对学生进行"宽口径"基础教育之后，大二、大三年级的学生可以选择加盟园内现有公司或者选择自己开展创业实践。其次，将"跨界融合"的理念引入创新创业教育中，一方面可以将相近的专业如计算机网络工程专业与电子信息工程专业、机电一体化专业与通信工程专业等进行融合；另一方面可以以某个项目为融合点，进行跨学科，甚至是跨行业的创新融合，像化工系与计算机系以互联网大数据为背景，开发化工生产监控设备等项目。最后，注重与互联网边界有一定距离的专业，像哲学、教师教育等，要依托互联网，让学生掌握最新的网络技术，形成跨专业和跨学科的能力与思维，只有这样才能擦出创新的火花。

（四）培养创新型教师，担当创新教育发展"新引擎"

教师担当着创新创业教育发展的重任，他们应成为"互联网＋"时代下高校创新创业教育的"新引擎"。因此，高校要注重创新型教师的培养，让他们敢于担当起创新教育发展的重任。高校应该制订适合本校教师发展的"创新型教师发展培养计划"，通过一系列的教学建设与教学改革，建立健全与目前信息化社会发展相适应的能力型教师人才培养体系。对教学创新拔尖、教学绩效卓越以及应用型的精英人才"量身定制"培养计划；展开教学综合改革，通过教考分离和混合式教学等形式，对教学方式和教学评价两部分内容进行重点改革；聘请创业经验丰富、创业效果明显，具有一定理论实践基础的成功创业者、企业家以及技术专家担任兼职教师，用实践经验给大学生上好创新创业教育的"生动一课"。在校教师同时可以通过现场观摩，积累经验，提升能力。高校还应鼓励教师带领学生入驻创业园进行创业实践，通过实践来了解如何创业，创业的困难与瓶颈，以更有针对性地指导学生。

第三节 大学生创业园的运营方案

一、大学生创业园的管理模式

我国大学生创业园管理模式主要有四种类型：第一种类型是政府管理型，通过成立管理委员会或办公室作为政府派出机构，履行政府的有关行政职能，对创业园内的高新技术企业进行管理。这种模式主要以政府出资和国家有关创业扶持政策为依托，但管理效率不高，高校对创业园没有主导权。第二种类型是高校管理型，高校作为创业园资金投入、管理的主体，主要依托高校内部强大的创新资源、人才资源、信息资源。这类创业园常常位于学校内部，可以承担创业、教育、实践、培训等多项功能，学校掌握园区发展的主导权，但资金来源单一，孵化企业后续发展支持力度不够。第三种类型是政府－高校管理型，由政府和高校共同建设、共同管理的创业园，常常通过由双方成立的专门机构或公司来进行管理，政府一般投入资金、政策、土地，高校一般投入技术、人力资源等。这一模式的缺点是政府和高校有可能会为园区发展的主导权发生争执。第四种类型是高校－企业型，高校和企业共同建设创业园，企业主要投入资金，高校投入技术、人力资源、运营场所等。这类创业园常常由高校管理，既可以丰富资金来源，获得企业运营经验，又可以增强初创企业的可持续发展能力。① 笔者在走访的过程中发现，很多高校根据内外环境分析以及战略定位都会采用高校－企业型的管理模式。一方面，很多高校所在地区民营经济比较发达，中小企业众多，创业氛围浓厚，高校－企业型的管理模式可以获得许多当地企业，特别是中小企业的支持。另一方面，很多大学生创业园创建的战略定位是生态创业，优先发展资源节约型的高科技创业、电子商务创业、"互联网＋"创业等，这同样需要企业的资金和技术支持。当然，采用高校－企业型的管理模式也有一定的风险，比如高校和企业关于创业园发展的主导权之争，或是参与企业本身的不稳定性也会影响到创业园的发展。因此，在大学生创业园项目的建设和运行过程中，可以应用三螺旋模型理论，创建和管理主体可以是高校、企业、政府中的任何一方，但绝不能忽视另外两方的作用，必须不断加以调整和改变，可以采用多元化的管理模式来适应大学生创业园的发展需求。

二、大学生创业园组织结构

（一）大学生创业园管理委员会

管理委员会作为大学生创业园的管理机构，负责编制大学生创业园的发展规划，对创业园项目评审委员会评审合格的项目进行入园审批，对园区内部管

---

① 刘金荣，单春晓. 大学生创业孵化基地主要管理模式分析［J］. 中国成人教育，2009（2）：25—26.

理进行政策指导和业务监督。管理委员会人员的组成主要有学校主管领导、相关职能部门负责人、出资企业负责人等。

（二）项目评审委员会

人员组成包括校内外的专家学者、企业家、团委负责人、学工处负责人等，主要负责科学评审申请入园项目的等次。管理委员会办公室根据项目申报和园区场地使用情况不定期召集评审委员会召开评审会，对提交的申请入园项目逐一评审，评选出优选项目、待选项目及不合格项目，不合格项目将被直接淘汰，待选项目进行复审。评审通过的项目必须符合国家法律规定及国家产业技术政策，应具备创新性较强、有一定技术含量的特点，具有一定的市场竞争力且无知识产权纠纷，并与园区特色相吻合的项目，优先考虑生态创业项目。

（三）管理委员会办公室

接受管理委员会的直接领导，不定期召集评审委员会召开项目评审会，协调处理园区各项日常事务。

（四）运营管理部

负责创业园的具体运营实施、政策咨询与解答，起草创新管理委员会各项规章制度。负责申请入园的项目复审等工作。负责与各创业团队的交流沟通，及时了解各创业团队的情况，做好对外联系工作。负责创业园大型活动的筹划、准备及善后工作。负责对外公关、资金赞助、市场化运作工作。

（五）综合管理部

协助运营部开展工作。负责政策咨询与解答，管理各创业团队的创业计划和总结材料，对各类项目入驻进行初步审核审批及相关合同文件的签订及保管存档工作。负责入驻项目的各项统计报表工作，协助各入驻团队进行工商注册、材料报审等相关手续的办理工作等。

（六）物业服务部

负责园区内的物业服务及管理工作。负责入驻企业的水电、物业、包裹收发的统计工作。保障园区内环境整洁、各类设施设备正常运行。

（七）信息中心

负责创业园网站的维护更新和管理工作。负责微信平台的管理和维护工作。负责创业园创业培训管理工作。负责创业园新闻采集、编辑、整理、发布工作。负责创业园对外媒体的联系、沟通、宣传工作。负责创业园产品、网站的运营推广和管理工作。

三、大学生创业园入驻企业孵化管理

（一）孵化前管理

孵化前管理指的是孵化项目在入驻创业园进行孵化之前所进行的管理。孵化项目在入驻大学生创业园进行孵化之前，首先要提出入驻孵化申请，创业园项目评审委员会对其进行初评，通过初评的项目再进行公开答辩，最后报创业园管理委员会批准，孵化项目与创业园签订正式孵化协议，建立正式的孵化关系。大学生创业园可以将创业项目分为科技类、服务类、贸易类三种类型。服务类和贸易类项目创业门槛低、成功率高，创造的就业岗位多。科技类项目创业门槛高，所需研发资金多、周期长，但是一旦成功企业所创造的附加值高、竞争力强、可持续性好。因此，创业园应优先扶持科技类项目孵化，特别是与本校优势专业相吻合的项目。入驻孵化项目在孵化前必须经过严格的评审、答辩程序。首先，提交入驻孵化项目申报材料，包括入驻申请表、创业计划书及项目负责人简历、身份证、户口簿、学生证复印件、在校证明等。其次，创业园项目评审委员会对项目进行初审，包括项目可行性、项目技术先进性、财务预算、风险评估等。最后，通过初审的项目进行公开答辩，确定入驻孵化项目。答辩分为项目负责人介绍和评委提问两个环节，从项目可行性、项目技术先进性、财务预算等方面考量，依据分数高低择优确定孵化项目，签订正式孵化协议。

（二）孵化中管理

孵化中管理，也就是大学生创业园对孵化项目从开始孵化到孵化毕业之间所进行的管理。创业园为孵化项目提供企业办公和生产经营条件，包括各种技术支持与服务，如企业所需营业场地、人力资源、资金、专业化的指导及协助进行市场调研和数据分析，提供法律、谈判、税务、金融等咨询服务。创业园通过了解孵化企业的经营计划，分析和诊断其存在的问题，每隔三个月，根据孵化项目的经营情况和技术研发进度，做出继续孵化或停止孵化的处理，并对孵化结果进行分析，以便提高后续孵化的成功率。创业园可根据自身条件，依托学院科研创新资源，定期邀请校内外的知名专家学者进行专题报告、科技论坛、企业交流等活动，并为入驻的孵化项目提供必要的企业经营培训和指导。同时，在项目孵化关键期，提供给孵化项目资金、技术、人员支持，在创业园自身条件允许的前提下，全力支持孵化项目以提高孵化成功率，从而为创业园的后续发展带来良好的示范和品牌效应。

（三）孵化后管理

孵化后管理，也就是大学生创业园对孵化项目毕业后所进行的跟踪管理。创业项目在经过一段时间的孵化以后，当企业的生产和经营活动步入正轨，有了自立能力时，就可以孵化"毕业"，可以继续留在创业园内，也可以离开创业园以寻求更大的发展。但是孵化项目"毕业"并不意味着和创业园就毫无关系了，创业园有必要对孵化企业"毕业"后的情况进行跟踪管理，一方面是为了使企业后续更好地发展，创业园通过跟踪管理为其进一步成长提供所需要的服务，比如财务管理和人力资源管理、技术支持等；另一方面，孵化"毕业"企业也是创业园成功的一个标志，可以成为创业园的示范品牌。孵化后管理使创业项目孵化成为一个闭环过程，是创业园提高孵化企业成功率和成活率的一个重要措施，同时也是创业园创建自身品牌的一个关键步骤，对创业园的可持续发展意义重大。大学生创业园创业项目孵化管理采取"项目准入、全面管理、定期考核、项目孵化"的孵化步骤。入驻创业园的创业团队必须携带具有一定发展潜力的项目，经项目评审委员会评审后，确定是否入驻；入驻园区企业按照企业模式运作，从规章制度、组织结构、运行体系、绩效考核等方面应建立起一套系统的运行方案；创业园通过为孵化项目提供各种保障措施，帮助其尽快将项目孵化成功，同时每三个月对各孵化项目的孵化进度进行考核，每一年对项目进行全面的考核评估，从而决定停止孵化、继续孵化、孵化毕业的各个项目。

四、大学生创业园入驻企业生命周期管理

入驻大学生创业园的企业大多是中小型创业企业，根据创业企业生命周期理论，其生命周期一般包括五个阶段，即创立期、生存期、成长期、成熟期、衰退期。根据中小型创业企业的生命周期，大学生创业园应该针对初创企业所处的不同阶段采取相应的助创措施，而只有在创业企业生命周期的前三个阶段

创业园的助创措施才能发挥明显的作用，因此创业园主要在创立期、生存期、成长期给企业提供帮助。

（一）创立期助创措施

处于此阶段的企业正进行企业开办的筹备工作，涉及工商登记、成果转化、人员招聘、生产准备等工作。创业园应该从以下几方面采取助创措施，给企业提供服务。

（1）给企业提供一站式创立服务，简化企业开办手续，帮助企业进行人员招聘、生产准备等工作。

（2）对企业前景准确把握，对市场前景好、技术优势明显的企业提供企业孵化服务。

（3）对需要技术成果转化的企业提供技术支持和最优惠的扶持政策，以尽量降低其投入，使创业者顺利渡过成果转化的关键阶段。

（二）生存期助创措施

通常情况下，生存期的创业企业有两种截然不同的发展趋势：一种是企业在市场竞争中生存下来，继续向前发展；另一种则是企业发展到此为止，被市场淘汰。创业园在此阶段应该给企业提供良好的发展环境，为企业提供市场开拓、人员培训、财务管理、法律咨询等服务，协助企业取得风险投资的注入，使企业能在残酷的市场竞争中生存下来。

（三）成长期助创措施

长期的创业企业处于企业高速发展的阶段，由于扩张常常会出现产能问题、管理问题等。创业园应继续给企业提供良好的发展环境，帮助企业对市场前景进行预测、扩大生产规模、理顺组织结构、培育其核心竞争力，使企业在竞争中迅速由中小型企业成功地向大型企业转变。

大学生创业园运用企业生命周期理论针对处于不同生命周期阶段的创业企业采取不同的助创措施，并与企业孵化管理措施无缝对接，覆盖创业园内所有创业企业，可以有效提高大学生创业企业的存活率，提升大学生创业企业的竞争力。

五、大学生创业园的具体运行方案

（一）组建创业园管理机构

为了使大学生创业园拥有良好的运行管理，必须要组建创业园管理机构，以加强对创业园的管理。首先成立大学生创业园管理委员会，由学校主管领导、相关职能部门负责人、出资企业负责人等组成，作为创业园的决策机构。创业园管理委员会下设项目评审委员会和服务中心。项目评审委员会由校内外专家学者、企业家、团委负责人、学工处负责人等组成，负责入园项目的评审工作。服务中心包括管理委员会办公室、运营服务部、综合服务部、物业服务部、信息中心，主要提供创业园日常运营的各项保障服务，各部门人员通过校内外招聘解决。

（二）制定创业园规章制度

没有规矩，不成方圆。创业园要想更好地发展，就必须全面制定各项规章制度，包括创业园入驻对象、入驻条件、入驻程序、评审标准、考评办法等，通过这些规章制度来规范创业园的日常运作和管理。

1. 创业园入驻对象

（1）毕业 3 年以内的高校毕业生创业的企业。

（2）在读大学生创办的企业。

（3）由大学生担任法定代表人的企业。

（4）在注册创办的企业出资总额中，大学生的出资比例不低于 50% 的企业。

2. 创业园入驻条件

（1）创业项目必须符合国家、省、市的相关产业政策，要与大学生创业园产业定位相吻合。

（2）创业项目要有切合实际的创业计划书或者可行性研究报告。

（3）创业项目的产品或者经营项目应具有技术含量较高、创新性较强的特点，有一定的市场竞争力。

（4）创业项目应具备一定的项目启动资金和承担风险的能力。

（5）创业项目应有完善的内部管理制度和企业运行机制。

（6）创业项目所涉及的生产经营项目无专利和知识产权纠纷。

（7）创业项目负责人应有创业激情并参加过相关的创业培训。

（8）在校大学生的创业项目负责人开展创业活动需经过家长的同意。

（9）创业企业入驻创业园后，必须保证能在园区正常开展工作。

（10）创业企业必须以公司形式入驻，注册地应为园区内。

3. 创业园入驻程序

（1）创业团队提交大学生创业园企业入驻申请表、创业计划书或者可行性研究报告、身份证、户口簿、学生证复印件、在校证明或者毕业证书复印件等材料。

（2）管委会提请创业园项目评审委员会对创业企业及创业项目进行评审。

（3）评审入围的创业企业进行公开答辩，按答辩分数择优录取，最终由管委会批准后，正式确定入园企业。

（4）创业企业成员学习创业园的管理规章制度并通过考核。

（5）创业团队与管委会签署入园协议书并办理相关入园手续。

（6）在管委会物业服务部的指导下，进行装修装饰。

（7）创业企业正式入园开展创业活动。

4. 创业园入驻企业评审标准

（1）企业负责人综合表现良好，学习过相关的创业课程，具有较强的组织协调能力。

（2）企业组织结构合理，成员目标一致，具有良好的团队精神。

（3）创业项目具有创新性和市场潜力。

（4）创业计划书或者可行性研究报告内容全面，并具有较强的现实操作性。

（5）创业项目和创业园产业导向结合紧密的项目优先。

5. 创业园入驻企业考评办法

创业园不干涉入驻企业的正常生产经营活动，但入驻企业要接受创业园的统一管理、监督、指导。管理委员会办公室定期对入驻企业进行评估考核，评估考核结果分优秀、合格、不合格三种，入驻企业在评估考核中，如出现下列情况之一者，视为考核不合格：

（1）企业入园后，未按要求在园区内开展工作，项目开展处于停顿状态，致使企业用房经常处于空闲或者关闭状态者。

（2）未能按规定、按时向办公室上报相关材料，或者所报材料内容不真实，通过整改无效者。

（3）出现重大安全事故者。

（4）入驻企业主要负责人出现违反法律法规行为者。

（5）擅自更换企业负责人者。

（6）不按规定时间交纳应缴费用者。

（三）规划创业园功能分区

根据大学生创业园战略定位、功能定位和营运场地特点，可以把创业园分为三个不同的功能分区。

1．第一分区：大学生商业综合服务区

主要引导开展餐饮服务、日用百货、服装饰品、创意家居、图书音像等项目，这些项目具有启动资金小、创业门槛低、创造就业岗位多等特点，比较适合在校大学生初始创业。此分区项目可先面向校内市场运营，待条件成熟后再正式办理工商注册登记。

2．第二分区：大学生电子商务服务区

主要引导开展电子商务、物流、教育培训、文化体育活动等项目，如开设网络店铺、建立高校联盟二手书交易平台、提供最后一公里物流服务、提供网络贸易增值服务、建立移动家教联盟和移动餐饮联盟等。

3．第三分区：大学生发明创新孵化区

此分区是创业园的企业孵化区，科技含量较高、创新性较强，具有创业门槛高、启动资金大、研发周期长等特点，需要创业园在资金、技术、运营等各个方面加以扶持，以期能发展一批高端的科技型企业，成为大学生创业园的品牌。

（四）宣传创业园创业政策

大学生创业园在建立和发展的过程中必须不断地在校内外宣传创业园的创业政策，让更多的学生和企业了解创业园，从而积极参与创业、参与创业园建设。宣传方式主要通过创业园网站、校园广播、宣传展板、发放宣传单的形式，特别是创业园网站一定要做到信息丰富、及时更新、积极互动。宣传内容包括：

（1）大学生创业园简介，包括大学生创业园的筹建背景、定位、目标、意义等。

（2）大学生创业园的各项规章制度，包括入驻条件、入驻程序、评审标准、考评办法等。

（3）大学生创业园园区的划分，占地面积有多少，分为几个区。

（4）入驻大学生创业园所需要的材料，包括入驻企业申请表及公司负责人简历、身份证和学生证复印件等。

（5）大学生创业园入驻企业管理办法。

广泛宣传创业园创业政策，使学生对大学生创业园有全面的认识和了解，提高他们的创业积极性，为创业园吸引更多更好的创业项目入驻园区奠定基础。

（五）创业园具体运营管理

创业园运营管理主要包括创业项目入驻管理和企业入驻后日常运作管理。

1. 入驻管理

（1）提出申请。

满足创业园入驻条件的创业项目都可以向创业园提出申请入驻创业园，提出申请的同时必须提交相关申报材料，包括大学生创业园企业入驻申请表、创业计划书或者可行性研究报告、公司章程及公司负责人身份证、户口簿、学生证复印件、在校证明或者毕业证书复印件等材料。

（2）受理评审。

首先，创业园管理委员会办公室初审创业项目入驻申请材料；其次，通过初审的项目由评审委员会按照创业园评审标准进行评审；最后，通过评审的项目进行公开答辩，最终按答辩分数高低择优录取。

（3）签订协议。

创业园与入驻创业团队签订大学生创业园入驻协议，明确双方的权利和义务。协议一式两份，双方各执一份，当发生纠纷时双方友好协商解决，协商不成时可通过法律途径解决。大学生创业园的权利是对入驻的创业项目拥有经营指导权、监督权，有权对入驻企业进行季度考核和年度考核；对入驻企业未经授权开展的其他工作，有追究其责任权，所造成的一切经济损失和法律责任由入驻企业负责；同时代表学校监督入驻企业遵守创业园各项规章制度。大学生创业园的义务是办理入驻团队的资格证件，提供创业指导和咨询，保守入驻企业秘密。未经同意，不得向第三方透露任何入驻企业商业计划中所涉及的内容，为其提供相应的物业服务。入驻企业的权利是使用创业园研发、生产、经营的场地和办公等方面的共享设施，得到系统的培训和咨询，享受创业园政策、法律、市场推广和融资等方面的支持。入驻企业的义务是遵守创业园的各项规章制度，接受其指导、监督。未经同意，不得向第三方透露入驻协议履行过程中所涉及的内容。积极配合学校在创业园开展的各项教学实践活动。按时向创业园相关部门交纳管理费及水电费等费用。

（4）正式入园。

由创业园分配给创业项目相应的营业场地，第一年租金全免，第二年租金减半。创业团队按照创业园的要求对营业场地进行装修装饰，不得破坏创业园原有的水电线路。招聘员工，签订用工协议，优先招聘本校毕业生或者在校学生，薪资标准双方协商。入园企业若在创业园年度考核中不合格，则自动退出创业园。

2. 入驻后日常管理

（1）创业项目负责人在接到入驻大学生创业园通知后10日内，与创业园签订正式的入驻协议，正式入驻前，必须报送大学生创业园入驻企业经营计划表，作为创业项目检查和考核的依据。

（2）入驻企业经营过程中，若涉及改变预定创业目标和创业项目内容、中止计划实施等变动，公司负责人须提前30日提出申请变动报告，对未经批准的项目，不准随意更改实施内容。

（3）入驻企业每个月度及年度须填写创业园入驻企业月度、年度经营报告。月度经营报告于次月初6个工作日内、年度经营报告于次年1月20日前统一报创业园管理委员会。对于不报送经营报告的公司，停止执行项目实施计划。于一个月内按规定纠正、补报的，恢复计划实施；逾期不纠正、补报的，中止计划实施。

（4）创业园对入驻企业进行季度考核和年度考核。考核依据包括公司报送的经营报告、财务报表以及创业园制定的考评办法。对于季度考核不合格的公司，给予警告；对于年度考核不合格的公司，直接退出。

第十一章 "互联网＋"视域下大学生创新创业大赛——以 H 大学为例

第一节 H 大学"互联网＋"大学生创新创业大赛的组织与实施

一、大赛的管理机构

"互联网＋"大学生创新创业大赛是 H 大学创新创业教育体系中非常重要的一个组成部分，因此笔者在这里先对 H 大学的创新创业教育管理体系进行概述，并在此基础上分析一下大赛的管理机构——大赛组委会。

（一）H 大学创新创业教育管理体系

H 大学是一所由国家创办，由教育部主管，由教育部和某市人民政府共建的"双一流"综合性研究型大学。按照国家相关政策文件的指示精神，H 大学建立并完善本科生创新创业训练体系，打造学校学院两级管理机制，增进校内多个部门共同联动工作，搭建创新创业成果校内外交流与展示平台，完善创新创业经费支持系统和优化创新创业制度保障，全方位地推进高校创新创业教育改革实践。

H 大学开展创新创业教育的纵向管理体系分为学校和学院两级。其中，在学校层面，主要由教务处、校团委以及大学生就业与创业服务中心三个部门构成。教务处的任务主要体现在创新创业教育的最初阶段，即教务处通过合理规划并安排相应的课程，实现对大学生创新创业意识的教育启蒙。与此同时，教务处作为创新创业相关实验实训项目的负责主体，需要发布包括校级、市级、省级、国家级比赛的相关报名信息，承担着对学生在创新创业理论研究以及创新创业概念研究上的指导责任。随后，这些实验实训项目会通过参加比赛

167

加以磨炼，项目比赛的组织和举办主要由校团委负责。在许多高校里，所有创新创业相关的竞赛都是由校团委负责的。然而 H 大学的"互联网＋"大学生创新创业大赛除了第一届由校团委来主办，从第二届开始都由大学生就业与创业服务中心负责主办。学生的创新创业项目在经过各种大赛的磨炼之后，会诞生一些理论基础扎实、实践操作可行的获奖项目，其通过申请国家、省、市、校的四级资助基金，得以落地转化，并进一步发展。综上所述，H 大学对学生创新创业项目培养的设想是根据学校整体安排，要求所有由教务处负责培养的实验实训项目全部参加相应的"挑战杯""创青春"等类型的比赛，然后通过比赛磨炼之后进一步参加"互联网＋"大学生创新创业大赛。这个培养设想是符合一个大学生创新创业项目发展过程的，即先有创新创业意识的萌生，然后对创新创业意识进行基础实践，最后对创新创业项目进行具体运营。

在学院层面，教师在职称晋升中应该考虑其在创新创业项目指导等方面的工作，以此来激励各个学院的教师和工作人员投身于本科生以及研究生的创新创业工作中。学院要注重在创新创业工作中对典型的成功案例进行科学公正的遴选评优。例如，每年举办创新创业教育成果表彰大会，以此来激励指导教师和大学生参与到创新创业大赛中，同时还能起到宣传创新创业大赛的作用。

总而言之，H 大学的创新创业教育管理体系需要学校制定科学合理的激励制度，促进各学院的教师和学生迸发出创新创业的活力和热情；需要教务处、校团委、大学生就业与创业指导中心等部门在工作中相互配合与协作，从而使大学生的创新创业项目经过环环相扣的锤炼，变得更加切实可行。

（二）大赛组委会

H 大学的创新创业教育实行纵向和横向相结合的管理体系，因此 H 大学也将这套管理体系应用在"互联网＋"大学生创新创业大赛的管理上，即在学校层面设立大赛组委会，并以学院为单位收集大赛参赛项目并上报学校。在这里，笔者着重对学校层面的大赛管理机构进行分析。H 大学在 2019 年 3 月份开始组织校内参赛项目的预审工作，比国家发布大赛通知的时间要早得多，整个赛程从 3 月份比赛筹备到 10 月底比赛结束，历经了将近半年的时间。H 大学在学校层面出台了一份有关本届"互联网＋"大学生创新创业大赛的文件，但是对大赛的具体实施方案并没有明确的规定。大赛组委会是大赛的主要管理机构。H 大学第五届"互联网＋"大学生创新创业大赛的组委会是由负责学生工作的学校党委副书记担任领导，由 H 大学大学生就业与创业服务中心、校团委、教务处、研究生院、科技处、学生工作部等相关职能部门的负责人作为成员，负责大赛的举办工作。同时，大赛组委会邀请了来自各个行业的企业、各创投风投机构、各高校和科研院所的专家作为大赛的评审，共同指导 H 大学学生的创新创业活动。H 大学的大学生就业与创业服务中心负责具体执行操作第五届"互联网＋"大学生创新创业大赛，其他部门做好配合工作，每个部门在大赛中的具体工作并未明确说明。

实际上，对于"互联网＋"大学生创新创业大赛在内的任何一次市级或市级以上的比赛，基本上都是需要集合全校的力量展开的。学校相关的部门都会参加，只不过在不同的比赛里每个部门所扮演的角色不一样。因此，H 大学举办"互联网＋"大学生创新创业大赛实际上是对学校资源进行整合的过程。虽然 H 大学尝试在大学生创新创业项目培养规划的设计上把教务处、校团委、大学生就业与创业服务中心这三个部门的培养渠道加以疏通，也就是让所有的创新创业项目都是经过创新创业意识的培养、"挑战杯""创青春"等比赛磨炼后再参加"互联网＋"大学生创新创业大赛的实操。但是从实际情况来看，教务处、校团委以及大学生就业与创业服务中心这三个部门在项目培养上的承接性是缺乏的。例如，在第五届大赛的所有参赛项目中，没有一个项目是从教务处负责的大学生创新创业训练计划中发展而来的，只有少数项目经历过"挑战杯"等比赛的磨炼。导致这种情况的主要原因是 H 大学创新创业教育的脱节。参与每个不同创新创业教育阶段的学生，其参赛的初衷是不一样的，因此 H 大学在每个阶段都需要重新对报名项目进行筛选和润色。

二、大赛参赛团队分析

（一）参赛团队获取参赛报名信息的方式

从 H 大学的大赛参赛团队获取参赛报名信息的方式可以反映出大赛宣传的渠道及其效果。H 大学宣传大赛所采用的主要渠道包括在学校的显眼位置悬挂横幅等基础手段，以及通过学校官方微信号推送、学校网站发布通知等比较传统的方式进行宣传。除此之外，笔者通过访谈大赛相关负责教师了解到，在 H 大学第五届大赛的参赛团队中，除了通过上述宣传途径吸引来的之外，另外一部分的参赛团队是以往参加过同类型比赛的，大赛负责教师通过个别联系而使其报名参赛。然而，H 大学从教务处对创新创业项目的培育到校团委对创新创业项目的磨炼，再到大学生就业与创业服务中心对创新创业项目的实战，这其中每个环节之间的衔接工作做得不尽如人意，导致每次举办创新创业大赛时，所负责的部门都需要相对独立地重新做一次项目的筛选，降低了工作效率。H 高校所在城市每所高校能否进入大赛省市复赛的名额数由三个部分计算得出：第一部分是高校前两年在大赛中进入国赛的名额数；第二个部分是高校今年总报名项目数的百分比，第三部分是"挑战杯"获得金奖的名额数。如果每个创新创业赛事负责部门之间的工作能够衔接得当，那么一定程度上就可以增加 H 大学进入大赛省市复赛的参赛项目数，从而提高获奖概率。

（二）参赛团队的人员构成分析

大赛将所有的参赛团队依照其报名参赛的项目类型分为创意组、初创组、成长组以及就业型创业组。在每个组的评审规则中都包含四个维度，即创新性、商业性、带动就业情况以及项目团队情况。四个维度在对不同的组别评分中，所占的比例略微不同。可以看出，撇开其他三个对参赛项目本身质量的考察指标之外，参赛项目团队的情况是一项非常重要的指标。对于参赛团队的考察，主要可以分为创业团队内部结构和创业团队外部关系。笔者主要就创业团队的内部结构方面对 16 名参赛者进行访谈。在这 16 名参赛者中，其所在团队成员总人数为 75 人，每个团队从 3 人到 9 人不等，平均每个团队 4 个人。在性别结构方面，每个项目团队至少有 1 名男性，女性在 16 名参赛者各自所在的项目团队人数中所占的百分比最高为 66.7%。在学历结构方面，16 个团队中，本科生总共有 19 人，其中大三 6 人，大四 7 人，已毕业 6 人；硕士研究生总共有 52 人，其中研二 31 人，研三 15 人，已毕业 6 人；博士研究生总共有 4 人，其中博一 1 人，博二 1 人，已毕业 2 人。在这 16 个团队中，其项目成员全部为本科生的团队有 3 个，全部为硕士研究生的有 9 个，项目成员由本科生和硕士研究生组成的团队有 1 个，由硕士研究生和博士研究生组成的团队有 2 个，由本科生、硕士研究生和博士研究生组成的团队有 1 个。在专业结构方面，在笔者所调查的 16 个团队中，项目成员的专业完全一致的有 8 个。在团队成员分工结构方面，基本上所有团队中的成员都有各自的分工，且分工方式大致分为三类：第一类是从参与比赛的角度分类，比如项目计划书的撰写、项目路演幻灯片的制作等；第二类是从实际运营的角度分类，比如总经理、财务总监、运营总监等；第三类是将第一类和第二类融合在一起分类，比如团队中既有负责参赛准备的成员，也有负责实际运营项目的成员。其中，在被访谈的 16 名参赛者中，其所在团队成员分工结构按第一类方式分的有 6 组，按第二类方式分的有 4 组，按第三类方式分的有 6 组。

（三）参赛团队商业计划书撰写情况分析

在大赛的各级比赛中，商业计划书是影响参赛团队比赛结果很重要的一个部分。在上文分析中提到的被访谈调查的 16 名参赛者中，其所在团队的成员分工结构大致分为三类，其中按第二类和第三类分工方式的 10 个参赛团队中，至少有 1 名团队成员负责其团队创业项目商业计划书的撰写。但是需要强调的是，商业计划书并不是依靠团队中的某个人或某几个人的力量就能够完成的，它是需要整个团队一起协作完成的。笔者在调查中发现，很多参赛学生在撰写商业计划书的时候都是在网上搜索模板，直接按照模板来写。其实，在撰写商业计划书时并不需要面面俱到，而应该有轻重之分。大赛的评审专家在评判的时候着重看的是商业计划书中的创业项目的执行部分，这部分主要包括了市场细分、经营策略、财务分析等。然而，H 大学参赛团队的商业计划书几乎在这一块内容上都很薄弱。在之前的四届大赛中，H 大学的相关负责部门认为大赛路演比商业计划书更为重要。这种认知其实是错误的。大赛的评审专家在校赛，乃至省赛、国赛的第一轮比赛中是以参赛团队商业计划书的质量作为主要评判依据的，如果商业计划书不合格，参赛团队的项目是无法进入接下来的比赛环节的，并且参赛团队不论是在比赛中还是比赛结束后的项目落实都是基于其商业计划书进行的。因此，商业计划书是参赛团队在参加大赛时最应该重视、最重要的部分。笔者在访谈中了解到，H 大学专门请了培训公司，对进入市级复赛的 5 个参赛项目进行了为期 3 天的商业计划书撰写集训。为探究集训效果，笔者对 16 名参赛者进行了访谈，发现在 10 名获校级比赛奖项的参赛者中，有 8 名认为自己所在团队的商业计划书撰写得比较好，有 2 名参赛者认为自己所在团队的商业计划书撰写得非常好。这 2 名学生所参与的参赛项目恰好是进入市级复赛的 5 个项目中的 2 个。而没获奖的 6 名参赛者均认为其团队撰写的商业计划书一般。我们从中可以看出，H 大学对学生开展的商业计划书撰写培训的效果还是比较明显的，另外，获奖学生对其团队撰写的商业计划书质量的自我评价比未获奖学生的高。

在"互联网＋"大学生创新创业大赛中，有些参赛团队的项目创意确实比较好，但是所取得的结果却不尽如人意。导致这种结果的很大一部分原因是他们在撰写商业计划书时，对其项目核心技术的应用场景表述不清。因为参赛团队对社会大环境及其项目所处行业的研究比较欠缺，所以其参赛项目的核心技术在应用场景上不能很好地解释。很多参赛团队在撰写其项目的商业计划书时，都认为已经进行了大量的市场调研，但实际上这些调研所获得的样本还远远不够，或者说不具有代表性。比如，某学生需要对人群的消费习惯进行调查，出于高人流量的考虑，他把调查的地方选在了高端商业区。其实这已经将研究对象圈定为消费层次比较高的人群了，而不能代表所有人群。另外，很多参赛团队由于不了解其所要进行创新创业的行业，通常会认为自己项目的创意很新颖，可事实是类似的项目在行业内早就有了。因此，笔者建议参赛学生在平时应该仔细观察、多积累一些现实的问题，这样才能发现好的创新创业点子，为撰写出优秀的商业计划书奠定基础。

第二节　"互联网＋"大学生创新创业大赛在创新创业实践中的作用

一、"互联网＋"大学生创新创业大赛分析

改革开放四十多年来，我国发生了翻天覆地的变化，科技日新月异，社会经济飞速发展。国家为深化高等学校的教育改革，激发大学生创新创业能力，推动全社会创新创业浪潮，于 2015 年起开始举办"互联网＋"大学生创新创业大赛，至今已成功举办了五届。通过对五年来大赛的赛程、规模、参与人数进行对比分析我们可以发现，每年都有新的突破，以独特的方式助推"大众创业、万众创新"。

（一）大赛特点分析

1. 作品实用性逐年增强

大赛作品越来越呈现出实用性的特点。随着每年大赛的举办，参赛作品从最初停留在设想逐渐转向源于生活、服务于生活的实用性作品。创新创业作品的原型越来越多地来自对现实生活的观察和思考，从生活中的问题提取线索，经过抽象思维的凝练和总结，结合自己所学的专业知识和跨学科知识，逐渐勾勒出作品模型，进而创造出符合大众的，特别是在校大学生的需求。这使得一些创业项目能够落地生根，同时结合校园的实际生活，利用校园和社会两种资源，充分发挥大学生对实际校园生活的种种问题的征集和搜索，注重应用、注重实际、注重生活，凸显作品的价值性，能够进一步投入市场、投向社会，具

有较强的社会价值。

2. 大赛参与人数多，受众面广

2015 年至今已举办了五届中国"互联网＋"大学生创新创业大赛，参与人数均达到 20 万人次以上，大赛参与人数多，有较强的社会影响力。通过对参赛人员构成的分析我们能够发现，2017 年起除了全国各地的学校踊跃参加外，更有由来自美国、加拿大等其他 25 个国家和地区的选手组成的 116 支队伍参赛，"互联网＋"大学生创新创业大赛的影响范围正在逐年扩大。五年来大赛吸引了超过 2000 所高校的积极参与，其中包括"双一流"高校、高职高专等各个层次的学校，涵盖大中专、本科、研究生等不同层次的学生。笔者通过对作品内容进行分析后发现，大赛作品涉及医疗、健康、家居、养老、生态、农业、经济、环境、土壤、科技小发明等众多领域，作品的数量超过 3 万件，作品种类全，参与人员范围广，充分体现出当代大学生强烈的创新精神和强大的创新能力，实现了深化高等学校教育改革、激活大学生创新思维的目的。

3. 实现了以赛促学、以赛促创

"互联网＋"大学生创新创业大赛在李克强总理"大众创业、万众创新"的理念指引下萌生，通过比赛的形式给予当代大学生尽可能多的机会发挥他们的创新能力，在大赛中实现运用所学知识灵活贯通，加强思维的发散性，从比赛中找到自身的不足和短板，这为青年人日后的学习和创新奠定了基础。① 此外，比赛提升了全社会，特别是大学生的创新意识，把创新创造列入大学生的培养计划当中，将理论学习和实践结合起来，有效地促进了高校和大学生把比赛的精神融入学习的大环境中，更好地发挥学生专业社团的作用，丰富学生的第一课堂和第二课堂，辅助高校融入创新创业的浪潮中。"互联网＋"大学生创新创业大赛的举办产生了良好的社会影响，体现出教育供给侧改革进一步推动产教融合、校企合作的作用。同时，促进了学生实习实训与学生在校理论和实践学习相结合，使大赛的促进作用得到充分的发挥。

（二）大赛存在的问题

我们对这五届大赛的参赛情况和提交的作品质量进行分析不难发现，在形

---

① 郭庆，海莺，赵中华，等. 打造线上线下大实践平台 构建创新创业教育新模式 ［J］. 实验技术与管理，2016（5）：4—6.

成巨大而良好的社会影响力的同时，还存在着参与高校、地区不平衡，作品的原创性还有待提升等问题。

1. 参赛高校类型、层次不平衡

从高校类型上看，"211工程"和"985工程"公办高校占据了一半以上。可以看出普通公办院校和民办院校不仅在参与度上没有"211工程"和"985工程"公办院校高，作品质量也不及"双一流"高校。从高校层次上来看，本科院校占据了将近90％的参赛名额。

2. 参赛高校地区分布不均

从地域上来看，京津冀地区、长三角地区、珠三角地区参赛团队总量较多，特别是江苏、浙江两省，不管是参赛数量或者是参赛质量都遥遥领先。中西部地区由于地缘原因和高校数量本身较少，在数量上不占优势。中西部高校参赛团队总量少，项目质量不及东部高校的创业团队。

3. 作品缺乏原创性

原创性是作品的核心和生命，"互联网＋"大学生创新创业大赛举办的目的也是让大学生通过对所学知识学以致用，创新创造出更多有价值的作品，丰富大学生的创新成果，更加激发大学生创新创造的热情和积极性。从五届"互联网＋"大赛的比赛作品来看，存在一些模仿的作品，有的只是数据和内容的变换，基本框架和理论思维依然大体相同或相似，特别是作品同质化现象严重，造成大量时间和精力的浪费，缺乏前瞻性，侧面反映出学生对创新创业大赛的不重视以及部分高校的宣传教育工作不够细、不到位，导致创新创业教育效果差，创新教育无法向纵深处发展。

二、"互联网＋"大学生创新创业大赛是如何在创新创业实践中起作用的

（一）引导大学生创新创业意识、能力的培养

"互联网＋"行动计划是2015年3月由李克强总理在政府工作报告中提出的。同年，首届中国"互联网＋"大学生创新创业大赛由吉林大学承办并顺利

举行。① 大赛的举办实现了进一步推动高等教育的综合改革，将"大众创业、万众创新"落到实处，调动了当代大学生的创造力；促进了"互联网＋"与传统行业的融合，加快了科研及赛事成果的转化；发掘提升了高校毕业生创业就业的新突破口，推动了"以创新推动创业，以创业促进就业"。但要切切实实提高大学生的创新意识、创业精神和创造能力，需要各地高校结合地域特点和自身状况，积极开展创新创业教育探索，深化高校教育教学改革，将创新创业教育作为人才培养的重要抓手。教育部要求全国高校都要开设大学生创新创业课程，创业教育已然成为各类高校课程改革的新重点。但是创业教育的开展并不是要求每个大学生都去创业，目的是引导他们利用自身的知识、技能和优势，做到能够创新、敢于创新、乐于创新。创新创业教育可激发大学生的创新意识，能够促进他们对所学到的知识进行综合运用与主动思考，是推动其将理论知识转化为实践行动的强大动力；更是在大学生心中培育一颗创新的种子，培养创新思维，为日后的创新创业行动打下基础。创新意识和创业能力不仅仅是创业者所必须具备的素质，也是当今社会工作必不可少的基础性能力。目前，全社会对高素质人才的要求越来越具体，对学习能力、思维能力、执行能力、协调能力、合作能力、组织能力等都提出了全面而细致的要求。对于独立的创业者而言，这些能力是开创事业的基础保障，独木难成林，创业活动的基础是团队，合作是日常活动的基础，有敏锐的察觉力和灵活的思维能力是抓住创业机会的基础。对于团队内部的个人而言，综合能力是完成工作、取得成绩的基础，创新能力也由以前的"突出特点"日渐变成每个人的"基本素养"。因此，在高校教育的过程中，创新创业意识和能力的培养也成为新重点，大赛是对高校创新创业教育成果的考察，使其不再流于概念，而是真正能够付诸实践并得以运用，也让大学生有机会对自身能力进行展示。

（二）深化高校创新创业教育的开展

当前形势下，社会对创新创业类人才的需求越来越迫切，大学生创新创业教育的目标也就得到了进一步的明确，深化高校创新创业教育势在必行。创新创业大赛不仅仅是"创业计划书大赛"，要求参赛项目具有更强的可行性和可操作性，同时也要求项目具有较强的社会意义和经济效益，这就对高校的创业教育提出了明确的要求，大学生创新创业能力的培养不仅仅是理论性或者平面

---

① 荣洁. 网络时代山西民俗文化传承的产业化引导 ［J］. 山西高等学校社会科学学报，2015
（11）：105－108.

化的，而应该是立体式和网络化的。创业教育复制传统的教学模式在课堂上讲讲概念、举举名人案例是远远不够的，需要营造更强的参与感，让学生有更好的体验感。在国外，部分高校允许在职教师和科研人员每周有一定时间到公司兼职，有时甚至准许他们申请离校两年创业后再次继续回学校完成指定学业。国内部分高校已经开始了深入的探索和尝试，有的高校提出了立体化的创新创业体验模式：开展创新讲座、创新论坛、创新大赛、创新实践，形成意识熏陶、思维训练、创新与创业实践相结合的循序渐进式发展；开展项目孵化体验、专业技能体验、团队训练体验、创业探索体验，利用全方位的体验来提升学生的创新创业能力。

（三）促进高校人才培养模式的改革

通过五届中国"互联网＋"大学生创新创业大赛的成功举办，我们不难发现，人才培养面临着新的挑战，大学生不再仅仅是传统意义上的技术操作者或者实践者，高校人才培养要着力于大学生的自主创新性、探索性和应用能力的培养。当代大学生是创新思维的创造者、创新理念的实践者，跨界创新以及跨界合作也依然成为当今及今后一段时间的趋势。人才培养着力点的转变以及经济形势和就业形势的改变，倒逼着高校人才培养模式的深化改革。"创业休学"已不再是难事或者新鲜事，全国各类高校都已按照 2014 年 12 月 10 日教育部发布的《关于做好 2015 年全国普通高等学校毕业生就业创业工作的通知》建立弹性学制。越来越多的高校开始在人才培养体制中加入创新创业实践学分。"互联网＋"大学生创新创业大赛的成功举办让这些政策真正落到实处，真正做到接地气，为大学生创新创业实践能力的培养提供了有力保障。笔者通过查阅资料发现，近年来清华大学、北京交通大学等国内多所高校开始探索和参与CDIO 工程教育模式，它是近年来国际工程教育改革领域的最新研究和实践成果，也是人才培养模式改革的新探索。在 CDIO 工程教育模式的 12 条标准中，对"设计－现实经验"和"主动学习"两个方面提出了明确要求，这也是目前人才培养和创新创业教育的两大核心内容。由此可见，进行高校人才培养模式的深化改革需要找准切入点，而"互联网＋"大学生创新创业大赛就是一个很好的抓手，借此将改革进一步推进，是国内外各类高校教育教学发展的大势所趋。

（四）提高科研成果转化率

科研成果的转化也是实现从创新到创业的过程，创新理念如何落地生根、如何活下来，既是科研成果转化的直接体现，也是创业活动开展的基础。2018年，第四届大赛以"勇立时代潮头敢闯会创，扎根中国大地书写人生华章"为主题，于当年 3 月全面启动。内地共有 2278 所高校的 265 万名大学生、64 万个团队报名参赛，超过以往三届的总和。评委们一致认为参赛作品具有较高的含金量，不同于以往的类似竞赛，作品的重点由理论向实践转变，具有更强的可行性和可操作性，不再是"纸上谈兵"，已将知识、理论和科研成果深入行动和应用中来，让大学生的创新想法和高校的科研成果不再仅仅是躺在实验室里的"观赏品"。大赛的举办帮助科研成果走出校园、走出赛场，为科研成果走进市场搭建了平台，许多天使投资人在现场选定中意项目直接进行签约，从首届大赛起项目意向签约率就一直保持在 30％以上，并且逐年上升。资金和社会辅助力量的注入帮助项目完成了与市场的对接，赋予科研成果真正落地开花的生命力。

（五）激发区域经济活力

回顾已举办的五届大赛有一个共同的特点——参赛高校区域分布不均，各区域参赛队伍数量、项目数量以及亮点数量差别较大，中西部地区和东北地区明显少于东南沿海区域，比如江苏、浙江等省份的参赛作品的数量和质量具有明显的优势，一个省份的参赛作品数量几乎可以与整个东北地区相比。不难发现，这与各区域经济发展水平和高校数量有极大的关系，但这其中也有着相辅相成的作用，良好的区域环境为高质量项目的诞生奠定了基础，但好的创新创业项目也能很好地为区域经济增添活力。"互联网＋"现代农业、"互联网＋"制造业、"互联网＋"文化创意服务、"互联网＋"公共服务等领域呈现出许多与当地文化、产业、需求相关的创意和项目，能够结合区域市场的"痛点"进行探索和创新，同时也能很好地解决当地的实际问题和困难。

第三节　H 大学参加"互联网＋"大学生创新创业大赛的改进措施及建议

一、明确并完善大赛的目标

为了深化创新创业教育改革，举办了"互联网＋"大学生创新创业大赛。

高校创新创业教育效果具有双重性，对其的评价应该包含施教者和被教者两方面，而缺乏目标的评价是缺乏根据的。因此，作为高校创新创业教育的重要形式之一，"互联网＋"大学生创新创业大赛的目标设置就显得尤为重要。

从高校层面看，首先，高校需要针对创新创业人才不同的培养需求，明确大赛的侧重点。只有明确了大赛的整体侧重点，才能明确处于何种发展阶段的何种性质的项目更容易在大赛中获得评委的青睐。① 换句话说，H 大学只有明确了"互联网＋"大学生创新创业大赛是更注重参赛项目的创意还是更注重参赛项目的实践，才能针对不同的侧重点来制定大赛在人才培养等方面的目标。"互联网＋"大学生创新创业大赛更加注重参赛项目的实践情况，因此高校应该明确大赛的目标是培养实践导向的创新创业型人才等，并在这些具体目标的引领下，继续细化能够促进或者配合大赛开展的各项工作的目标，例如细化创新创业教育课程、创新创业教育师资、创新创业教育基地等方面的改革目标。

从学生层面看，目前几乎没有从学生角度阐述的"互联网＋"大学生创新创业大赛举办目标，大赛现有的举办目标主要是从高校的角度来阐述的。其实，大赛的举办者和参与者，即高校与大学生通过大赛的举办都能够取得一定的正向效果，这样的大赛才能算是成功的。因此，"互联网＋"大学生创新创业大赛应该增加从学生角度出发的目标说明。从学生角度而言，大赛的举办目标可以表述为提升大学生的创新创业能力、实践能力和综合素质，然后再针对创新创业能力、实践能力和综合素质进一步细化明确大赛的目标。增加大赛针对学生而言的目标，是为了将大赛的举办与大学生成长发展的需求相结合，从而激励并吸引更多的学生参与到"互联网＋"大学生创新创业大赛中来。

二、激发大赛未参赛学生的参赛意愿

H 大学的大赛参赛学生数占在校总学生数的比例并不高，因此需要激发未参赛学生的参赛意愿，从而激发 H 大学学生的创新创业热情。创新创业不是理工科或是某一类人的专利，任何人都可以参与其中，人人都可以是创客，激发创新创业的兴趣、养成创新创业的习惯，使大学生提高创新创业的热情。H 大学通过激励更多的学生参与到大赛中，以此来培育良好的创新创业校园氛围。对于未参赛学生的参赛意愿而言，在 H 大学可以通过提高大赛奖励力度与宽度，使更多的大赛参赛学生受惠。同时，对学生定期展开创新创业教育

---

① 曾靖靖，龚启慧. 双创大赛人才选拔标准研究：创新还是创业？ ［J］. 科学学研究，2017（10）：1536－1545.

培训，提升其对参加大赛的自信；完善大赛比赛过程、评价标准、组织程序等相关措施，以提高学生的满意度，从而激励更多的学生参赛。在发展导向上，H 大学"互联网＋"创新创业大赛的相关措施对于未参赛学生的吸引力高，而未参赛学生对其实现的预期低，因此，大赛可以通过提供更好的比赛平台，以促进学生参赛项目及其自身发展等方式提升未参赛学生的预期。在团队导向上，H 大学"互联网＋"创新创业大赛的相关措施对于未参赛学生的吸引力低，而实现预期高，因此，大赛可以通过组织相关的团队组建、沟通等技能培训，提高其参赛团队内部的凝聚力，通过提升团队的吸引力来提高大赛的吸引力。

三、提升参赛学生在大赛中所需的技能

对于 H 大学"互联网＋"大学生创新创业大赛的参赛学生来说，其在大赛中所需的创新创业团队组建技能和商业计划书的撰写技能还需进一步加强。提升参赛学生在大赛中所需的技能是参赛学生在大赛中发挥出良好水平的保证，从而使大赛的举办效果进一步提升。

H 大学的大赛参赛学生在团队组建方面缺乏一定的科学指导，因此在参加大赛时不能很好地发挥出团队优势。高校在对学生开展创新创业团队组建指导时，应该结合已有的团队组建理论，针对不同的创新创业团队类型给出合理化建议。多项研究表明，影响团队工作效率和团队绩效的重要因素是创新创业团队的结构，团队的结构包括团队的人数、团队的人员结构、团队成员的专业技能结构等因素。因此，H 大学在大赛的组织与实施时，可以根据不同参赛团队组建的需要为其提供科学合理的团队人数建议。其次，团队的人员结构包括团队成员的年龄、性别以及教育背景等方面的同质性或异质性。关于团队的人员应该同质还是异质的争论在学术界从未停止过，有学者认为团队成员同质性更易于团队之间的沟通交流，而也有学者认为团队成员异质性更利于获取不同角度的资源，利于团队绩效。因此，H 大学应该帮助大学生创新创业团队把握团队人员结构的差异度。最后，团队成员的专业技能构成应该尽量具有互补性以及差异性，因为团队成员在专业技能上的异质性会改善初创企业的绩效。

对于参赛学生而言，另一项重要的参赛技能就是商业计划书的撰写。在 H 大学的"互联网＋"大学生创新创业大赛中，参赛学生往往有很好的想法，却因为难以用商业计划书来很好地表达而导致落败。因此，笔者认为应该加大对参赛学生撰写计划书能力的培训力度和广度，通过请校内外专家开展集训、

沙龙、讲座等方式，为学生搭建面对面交流创业经验与技能的平台。高校还可以通过开设与商业计划书撰写知识相关的选修课，为学生提供计划书撰写的理论知识等。

四、重视对大赛参赛学生获奖有影响的激励措施

H 大学要注重大赛本身的质量建设，使大赛的相关措施在对参赛学生的创新创业项目发展以及参赛学生自身发展方面具有吸引力及可预见性。H 大学在培养创新创业内环境的同时也要注重对外环境的建设，要争取学生家长的理解与支持，鼓励其配合学校的创新创业工作。H 大学要继续加大对大学生创新创业的资金投入，要对在创业资金上有困难的大学生提供资金上的支持，同时，帮助大赛的参赛项目与社会资源进行对接。另外，H 大学要继续建设并完善已有的三个创新创业孵化基地，加大与校外科技园的合作力度，为大学生提供参观科技园的机会，并为有入驻意向的学生提供专职人员对其进行讲解，以指导其更好地进行创新创业。

结束语

本书对大学生创新创业理论与技能的研究结论主要有以下几个方面。

一、建设优质的课程体系

在课程体系建设上，要实现分层分类。创新创业教育的课程体系不同于传统教育，各高校要根据自身实际，根据人才培养的不同定位，建设有自身特色的创新创业教育课程。总体来说，高校创新创业课程体系需要实现分层培养、分类培养的目标。分层包括教育教学对象的分层，以及教育目标的分层，两者是相互联系的。开展广谱式的创新创业教育，对于全体学生而言，开展基础层面的创新创业教育；对于想要进行创新创业活动的学生而言，在能力培养的过程中重点对创新创业领导力、行动力进行深度培养。在课程内容的设计上要达到知识与实践相融合、专业与通识相统一的状态，只有在这样的课程体系下，创新创业教育才能更好地培养大学生的能力，使其成为创新创业人才。

二、打造卓越的师资队伍

创新创业教育需要打造一批"既具备专业理论知识，又具有专业实践能力、科技创新能力和专业示范技能的'双师型'专业教师队伍"，卓越的师资队伍是开展更高质量创新创业教育的先决条件。在创新创业教育教师队伍的入口上，要转变以往的观念，授课教师既可以是专任教师，也可以是具有杰出成就的创新创业人才的客座教师。专任教师注重价值引领、基础能力培养，客座教师重点在于经验传授、方向点拨，专任与客座相结合，实现师资队伍的流动稳定结构。各高校可以根据自身实习和学生特点，去打造一支符合学校发展特色、学生成长特点的创新创业教育教师队伍。此外，要加强对创新创业教育教师的政策支持，全方位提供培训支持，区域、校级间相互交流，鼓励教师们走出校园、走进实践平台、走向社会企业，多角度学习。同时，可以鼓励教师们实现教育成果转化，转化唯论文的考评机制。

三、搭建特色的实践平台

更高质量的创新创业教育对实践平台也提出了更高要求。企业孵化器、创新创业实践基地等实践平台能更好地提高教育效果，提升人才培养质量。实践平台的建设也应该顺应时代，比如建设"互联网+"实践平台，既可以让学生实现虚拟创业，又降低了人力、物力的投入，还可以降低风险。高校可以在单一的实体实践平台基础上，结合多种实践平台优势，使用新媒体手段，联合企业，打造综合性的特色实践平台。多鼓励学生参与企业的实习活动，多鼓励学生参加创新创业的技能大赛，多鼓励学生参加创新创业园和创业孵化基地的活动，提供更多的机会给学生实现项目孵化，实现学生创新创业的梦想，通过实践不断增强学生的创新创业能力。

参考文献

[1] 埃茨科维兹. 三螺旋创新模式：亨利·埃茨科维兹文选 [M]. 陈劲，译. 北京：清华大学出版社，2016：272，274.

[2] 陈春生，杜成功，路淑芳. 创新理论与实践 [M]. 石家庄：河北人民出版社，2014：17-22.

[3] 陈近，邢斐斐，张敏. "互联网＋"背景下大学生创新创业教育现状探究 [J]. 智库时代，2020（5）：265+2.

[4] 陈龙，朱永华，刘海坡. 大学生创业支持体系构建与评价研究 [J]. 武汉工程大学学报，2010（6）：48-50.

[5] 陈权，施国洪. 大学生情绪智力与创业能力关系实证研究 [J]. 高校教育管理，2013（3）：101-109.

[6] 程琼. 高校思想政治教育在培养大学生创新创业能力中的作用 [J]. 文教资料，2020（7）：126-127.

[7] 德鲁克. 21世纪的管理挑战 [M]. 刘毓玲，译. 北京：生活·读书·新知三联书店，2003：95，103-108.

[8] 德鲁克. 创新与企业家精神 [M]. 蔡文艳，译. 北京：机械工业出版社，2009：25.

[9] 鲁克. 创业精神与创新 [M]. 张炜，译. 上海：上海人民出版社，2002：81-83，185-188.

[10] 邓嘉超. 心理行为训练对提高大学生意志品质水平的实验研究 [J]. 江西教育学院学报，2018（35）：66-68.

[11] 丁义浩，段亚巍. 创新媒体传播方式增强信息传播实效性 [J]. 中国高等教育，2015（20）：46-48.

[12] 丁忠利，王凌云. 大学生创业指导体系建设的探索与实践 [J]. 安徽工业大学学报（社会科学版），2010（6）：154-155.

[13] 董美玲. "斯坦福-硅谷"高校企业协同发展模式研究 [J]. 科技管理研究，2011（18）：64-68.

[14] 杜刚，彭田宝. 大学生创业政策保障研究 [J]. 合作经济与科技，2015 (22)：144－145.

[15] 范惠明，邹晓东，吴伟. 常春藤盟校工程科技人才创业能力培养模式探究 [J]. 高等工程教育研究，2012 (1)：46－52.

[16] 范硕，李俊江. 社会资本在创新集群形成中的作用 [J]. 学习与探索，2016 (1)：76－80.

[17] 高桂娟，苏洋. 学校教育与大学生创业能力的关系研究 [J]. 复旦教育论坛，2014 (1)：24－30.

[18] 高靖宇，王彩霞. 大学生创业能力的影响因素和提升路径分析 [J]. 经济研究导刊，2018 (4)：117－118.

[19] 高申春. 人性辉煌之路：班杜拉的社会学习理论 [M]. 武汉：湖北教育出版社，1999：118－124.

[20] 耿丽微，赵春辉，张子谦. 高校大学生创新能力培养与创业教育研究 [M]. 成都：电子科技大学出版社，2017：8－12.

[21] 顾玲琍，王建平，杨小玲. 科技人才政策实施效果评估指标体系构建及其应用研究 [J]. 中国人力资源开发，2019 (4)：100－108.

[22] 关家旆，李远辉，揭雪枚，等. 大学生创业政策及其效果研究——以广东省为例 [J]. 现代商贸工业，2020 (18)：182－185.

[23] 郭庆，海莺，赵中华，等. 打造线上线下大实践平台构建创新创业教育新模式 [J]. 实验技术与管理，2016 (5)：4－6.

[24] 郭帅. 打开校门开展"双创"教育 [N]. 人民政协报，2017－09－20 (009).

[25] 郭兆云. 融媒体时代高校教师媒介素养要求及实践 [J]. 中国高校科技，2016 (10)：15－17.

[26] 胡小坤. 大学生创业教育研究 [M]. 南宁：广西科学技术出版社，2016：4－10.

[27] 黄美娇，谢雅萍. 国外创业者创业能力影响因素研究综述 [J]. 太原理工大学学报（社会科学版），2017 (5)：54－59.

[28] 黄兆信，赵国靖，洪玉管. 高校创客教育发展模式探析 [J]. 高等工程教育研究，2015 (4)：40－44.

[29] 金丽娜. 论融媒体媒介环境下传媒专业人才培养 [J]. 东北师大学报（哲学社会科学版），2018 (2)：178－182.

[30] 孔洁珺，臧宏. 大学生创业能力结构与提升策略研究 [J]. 思想理论教

育，2015（2）：87－91.

[31] 李炳安. 大学生创业促进制度［M］. 北京：中国社会科学出版社，2002：67－69.

[32] 李家华. 创业基础［M］. 2版. 北京：清华大学出版社，2015：12－14.

[33] 李良成，谭文立，梁国栋. 大学生创业能力模型研究［J］. 华南理工大学学报（社会科学版），2014（4）：138－144.

[34] 李巍，席小涛，王阳. 理工科大学生创业能力结构模型与培育策略［J］. 现代教育管理，2017（10）：78－80.

[35] 李伟，李艳鹤，周东生. 资源协同视角下大学生创业能力影响因素及对策研究［J］. 产业与科技论坛，2018（3）：132.

[36] 李伟，张世辉. 创新创业教程［M］. 北京：清华大学出版社，2018：22－23.

[37] 李玮. 创业品质：大学生创业成功的突破口［J］. 山西师大学报（社会科学版），2011（11）：158－161.

[38] 李亚员，王瑞雪，李娜. 创新人才研究：三十多年学术史的梳理与前瞻［J］. 高校教育管理，2020（5）：116－124.

[39] 梁正瀚. 地方院校大学生创业园建设和运营研究［J］. 牡丹江大学学报，2017（2）：78－80.

[40] 林强，姜彦福，张健. 创业理论及其架构分析［J］. 经济研究，2001（9）：85－94.

[41] 刘畅. 大学生创业能力培养模型研究［D］. 南京：东南大学，2017：33－35.

[42] 刘畅. 论学校教育环境与大学生创业能力培养［J］. 辽宁行政学院学报，2015（4）：78－82.

[43] 刘金荣，单春晓. 大学生创业孵化基地主要管理模式分析［J］. 中国成人教育，2009（2）：25－26.

[44] 刘培育. 创新思维导论［M］. 北京：大众文艺出版社，1999：12－15.

[45] 刘其龙. 资源协同视域下大学生创新创业能力发展机制探究［J］. 教育与职业，2018（16）：57－59.

[46] 刘兴亚. 大学生创业精神缺失与对策［J］. 吉林师范大学学报（人文社会科学版），2011（6）：91－93.

[47] 鲁禄，马轶君，张琳，等. 浅谈甘肃省高等职业院校大学生创新创业教育体系的构建［J］. 人才资源开发，2020（2）：51－52.

[48] 路正莲，徐晓龙，朱昌平，等. 强化机制创新建设协同培养创新创业型人才平台 [J]. 实验技术与管理，2017 (10)：44—47.

[49] 罗国锋，林笑宜. 创新生态系统的演化及其动力机制 [J]. 学术交流，2020 (8)：122.

[50] 马永斌，柏喆. 大学创新创业教育的实践模式研究与探索 [J]. 清华大学教育研究，2015 (6)：99—103.

[51] 买忆媛，甘智龙. 我国典型地区创业环境对创业机会与创业能力实现的影响 [J]. 管理学报，2018 (3)：274—278.

[52] 梅德强，龙勇. 不确定性环境下创业能力与创新类型关系研究 [J]. 科学学研究，2010 (9)：1413—1421.

[53] 梅伟惠. 美国高校创业教育模式研究 [J]. 比较教育研究，2008 (5)：52—56.

[54] 蒙志明，廖芳. 基于全过程培养理念的创新创业课程体系建设研究 [J]. 中国校外教育，2020 (3)：110—111.

[55] 宁德鹏，葛宝山. 我国大学生创业政策满意度分析——基于全国百所高校的实证研究 [J]. 社会科学家，2017 (5)：23—25.

[56] 齐莹. 基于项目管理理念下的大学生创业教育管理的研究 [J]. 中小企业管理与科技（上旬刊），2014 (5)：241.

[57] 秦添，张正清，胡欣敏，等. "大学生创新创业训练计划"项目管理的实践与思考——以华东理工大学为例 [J]. 化工高等教育，2016 (4)：19—23，27.

[58] 荣洁. 网络时代山西民俗文化传承的产业化引导 [J]. 山西高等学校社会科学学报，2015 (11)：105—108.

[59] 桑强. 以流程再造为中心的组织变革模式 [J]. 管理科学，2004 (2)：7—11.

[60] 斯滕伯格，贾温，格里格伦科. 教出有智慧的学生：为智慧、智力、创造力与成功而教 [M]. 杜娟，郑丹丹，顾苗丰，译. 福州：福建教育出版社，2014：5—16.

[61] 孙洪义. 创新创业基础 [M]. 北京：机械工业出版社，2016：33—35.

[62] 谈力，李栋亮. 广东省科技计划项目动态监测体系构建 [J]. 科技管理研究，2016 (11)：45—48.

[63] 汤力峰，赵昕丽. 创新创业实践活动项目化管理的"关键链"及价值 [J]. 教育探索，2012 (8)：87—89.

［64］汤明，王万山，刘平．政策如何促进大学生创业——大学生自主创业扶持政策绩效评价体系研究［J］．教育学术月刊，2017（11）：56−61.

［65］唐靖，姜彦福．创业能力概念的理论构建及实证检验［J］．科学学与科学技术管理，2008（8）：52−57.

［66］唐英千．高校学生创业园发展规划方案［J］．中国新技术新产品，2009（14）：227−228.

［67］万刘军．大学生创业实践案例研究［D］．重庆：四川外国语大学，2013：34−37.

［68］王芳，李训文．试论差异教学的实施环节［J］．文教资料，2020（8）：157−158.

［69］王欢．浅谈职业生涯规划对大学生创新创业意识培养的作用［J］．经营管理者，2016（28）：417−465.

［70］王辉，吴新中，董仕奇．效能视域下大学生创业政策优化策略［J］．科技进步与对策，2015（16）：101−104.

［71］王金剑．基于创业胜任力培养的大学生创业教育研究［M］．北京：北京理工大学出版社，2017：3−6.

［72］王凯，胡赤弟，吴伟．基于"学科—专业—产业链"的创新创业型大学：概念内涵与现实路径［J］．清华大学教育研究，2017（5）：110−117.

［73］王永友．创业教育实践体系的基本框架构建［J］．黑龙江高等教育研究，2014（11）：97−98.

［74］王占仁．"广谱式"创新创业教育导论［M］．北京：人民出版社，2012：176−178.

［75］王占仁．"广谱式"创新创业教育通论［M］．北京：教育科学出版社，2017：5.

［76］王占仁．创新创业教育的核心要义与周边关系论析［J］．国家教育行政学院学报，2018（11）：21−26.

［77］王章豹．基于 TQM 的高校教学质量管理模式［M］．杭州：浙江大学出版社，2012：62−65.

［78］温美荣，马若熙．建构公共政策评估的关键绩效指标体系探析——以 X 市试行众创空间绩效考评制为例［J］．行政论坛，2017（3）：93−99.

［79］吴康宁．创新人才培养究竟需要什么样的大学［J］．高等教育研究，2013（1）：11−15.

［80］吴卫红．项目管理［M］．北京：机械工业出版社，2016：23−25.

[81] 夏清华，易朝辉. 不确定环境下中国创业支持政策研究［J］. 中国软科学，2009（1）：66－72.

[82] 项国鹏，宁鹏，罗兴武. 创业生态系统研究述评及动态模型构建［J］. 科学学与科学技术管理，2016（2）：79－87.

[83] 谢季坚，刘承平. 模糊数学方法及其应用［M］. 武汉：华中科技大学出版社，2000：28－37.

[84] 谢金言，张伟杰. 创业中的项目管理综述［J］. 民营科技，2017（8）：147.

[85] 谢艺伟，陈亮. 国外企业孵化器研究述评［J］. 科学学与科学技术管理，2019（10）：66－69.

[86] 熊彼特. 经济发展理论［M］. 邹建平，译. 北京：中国画报出版社，2012：68－73，78－83.

[87] 熊彼特. 经济发展理论——对于利润、资本、信贷、利息和经济周期的考察［M］. 何畏，易家祥，等译. 北京：商务印书馆，1991：73－75.

[88] 徐占东，梅强，李洪波，等. 大学生创业环境、创业动机与新创企业绩效关系研究［J］. 科技管理研究，2017（19）：147－154.

[89] 杨军毅. 教育培训中的项目管理模式初探［J］. 经济研究参考，2011（5）：72－73.

[90] 杨玉桢，任正，宋春瑛. 基于三螺旋视角的高校科技成果转化问题研究［J］. 河北工业大学学报（社会科学版），2020（7）：34－37.

[91] 姚卫浩. 以项目管理视角探寻高校大型活动策划组织方法［J］. 中国高等教育，2010（18）：57－58.

[92] 闫薇，刘铭菲. 大学生创业金融扶持现状与对策思考——基于吉林省5所高校的实证调研［J］. 中国大学生就业，2017（3）：34－38.

[93] 袁振国. 当代教育学［M］. 北京：教育科学出版社，2010：243.

[94] 曾靖靖，龚启慧. 双创大赛人才选拔标准研究：创新还是创业？［J］. 科学学研究，2017（10）：1536－1545.

[95] 张霞，王林雪，曾兴雯. 基于创业企业成长的创业能力转化机制研究［J］. 科技进步与对策，2011（6）：79－80.

[96] 张小刚，赵洁. 从高校创业教育到创业实践的探析——以斯坦福大学创业教育为例［J］. 中南林业科技大学学报（社会科学版），2020（3）：163－166.

[97] 张耀灿，陈万柏. 思想政治教育学原理［M］. 北京：高等教育出版社，

2001：72.

[98] 张玉利，王晓文. 先前经验、学习风格与创业能力的实证研究 [J]. 管理科学，2011 (3)：1－12.

[99] 张志祥. 加强创业教育培养高素质技能型人才 [J]. 中国高等教育，2020 (6)：41.

[100] 郑利军. 项目管理方法在高校行政管理人员绩效考核中的应用 [D]. 南京：南京理工大学，2011：13－15.

[101] 周南照. 教育改革与文化观念转变 [J]. 教育研究，1987 (2)：10－14.

[102] 邹社校. 大学生创业品质及培养 [J]. 长江大学学报，2020 (3)：101－102.